W0181341

Berndt Schulz

MANFRED KRUG

Porträt des Sängers und Schauspielers

Mit einem Vorwort von
Jurek Becker

Bastei-Lübbe-Taschenbuch
Band 61165

Erstveröffentlichung
© by Gustav Lübbe Verlag GmbH, Bergisch Gladbach
Printed in West Germany, Dezember 1989
Einbandgestaltung: Klaus Blumenberg, Köln
Satz: Fotosatz Froitzheim
Druck und Bindung: Ebner Ulm
ISBN 3-404-61165-0

INHALT

Vorwort   9

Lebensreise   17

Rollen: Franz Meersdonk in »Auf Achse«.   106

  Paul Stoever im »Tatort«.   115

  Robert Liebling in »Liebling Kreuzberg«.   125

Dreharbeiten   132

Interview   146

Die Filme   162

Herzlichen Dank

dem gesamten Produktionsteam von »Liebling Kreuzberg«,
dem ich bei den Dreharbeiten zwischen April und Juli 1989
oft genug im Weg stand und das mich dennoch, ohne zu
murren, ertrug!

Berndt Schulz

Sandberg, August 1989

Bildquellenhinweis

Die Privatfotos für dieses Buch stammen sämtlich aus dem Besitz von Manfred Krug.

Alle Filmfotos wurden uns freundlicherweise vom Staatlichen Filmarchiv der Deutschen Demokratischen Republik in Berlin-Ost sowie vom Deutschen Institut für Filmkunde in Frankfurt am Main zur Verfügung gestellt.

Vorwort

Lebenslänglich Manfred Krug

von Jurek Becker

Niemand sollte erwarten, daß ich sachlich, unbefangen oder gar vorurteilsfrei über Manfred Krug schreiben könnte, denn ich sehe ihn mit verklärten Augen. Ich kenne ihn seit zweiunddreißig Jahren. Es kommt mir merkwürdig vor, wie man jemanden, der noch so ein junger Kerl ist, schon seit einer solchen Ewigkeit kennen kann. Unter allen Lebenden gibt es keinen, mit dem ich so lange bekannt wäre, von befreundet gar nicht zu reden.

Kaum waren wir uns begegnet, zogen wir zusammen. Wären wir Mann und Frau gewesen, hätte man es Liebe auf den ersten Blick nennen können, eine heftige Sympathie von Anfang an war es aber auf jeden Fall. Da Krug viel selbständiger war als ich, der ich damals noch meinen Vater als Dauersicherung gegen alle Lebensrisiken ansah, kann ich sagen, daß er viel zu meiner Sozialisation beitrug. Von ihm lernte ich, daß Handtücher gewechselt, Mülleimer geleert und Betten bezogen werden müssen, daß man, wenn man Hunger hat, das Essen nicht nur aus der Speisekammer holt, sondern davor noch aus dem Lebensmittelladen; ich lernte Rücksichtnahme, Rücksichtslosigkeiten und eine gewisse Art von Durchsetzungsvermögen, ohne die meine Biographie bestimmt einen anderen Verlauf genommen hätte. Bis heute habe ich keine Ahnung, in welchen Disziplinen ich Krugs Lehrer gewesen bin. Es tut aber gut, wenn ich mir sage, daß etwas an mir ihn damals beeindruckt haben muß; schließlich ist er nicht mit irgend jemandem aus seiner damals schon großen Bewundererschar zusammengezogen, sondern mit mir.

Die einzige Wohnung, die wir fanden, war eine stillgelegte Drogerie in Ost-Berlin, in der es unausrottbar nach Vanille roch. In meiner Erinnerung waren wir zwei wunderbar hoffnungsvolle und vielversprechende junge Männer. Ich fing gerade zu studieren an, und Krug war soeben von der Schauspielschule geflogen. Es steht seitdem für ihn fest, daß dieser Rauswurf ein früher Hinweis auf verschiedene seiner Eigenschaften war: auf einen unabhängigen Geist, auf Offenheit, Gradlinigkeit, Forschheit, Anstand und dergleichen. Ich zögere keine Sekunde, ihm bei dieser Einschätzung zu folgen, zumal ich einige Zeit später selbst von der Universität geworfen wurde. Ohne Krugs Beispiel wäre das vielleicht nie geschehen, aber das ist natürlich eine dunkle Vermutung.

Daß er als Schauspieler bald Erfolg hatte, kam mir wie die selbstverständlichste Sache von der Welt vor. Es wäre gegen jede Wahrscheinlichkeit, geradezu absurd gewesen, wenn jemand wie er sich mit einem Schattendasein hätte begnügen müssen. Es wäre eine Verschwendung gewesen, die keiner sich leisten kann.

In der DDR haben wir zwei Filme zusammen gemacht. Das heißt, für zwei Filme, die durch ihn ein Gesicht bekamen und Erfolg hatten, habe ich die Drehbücher geschrieben. Im frühen Sommer 77 ging er weg, in den Westen. Einige Monate später folgte ich ihm. Ich kann mich nicht erinnern, jemals in meinem Leben so einsam gewesen zu sein wie in diesen Monaten, ohne ihn in Ost-Berlin. Das ist nicht übertrieben sentimental, denn es war nicht einfach nur ein Freund gegangen, den man erbärmlich vermißte, sondern es fehlte meinem Lebensgefühl, das von ihm miterfunden war, plötzlich die Grundlage. In West-Berlin fand so etwas wie unsere Wiedervereinigung statt, und dabei ist es bis heute geblieben.

Wenn man sich mit zwölfjährigem Abstand die Frage stellt, warum er damals die DDR verlassen hat, kann man anstelle einer Antwort all die Schikanen und Lästigkeiten aufzählen, denen er ausgesetzt war. Eine solche Erklärung wäre richtig, und doch schiene sie mir zu kurz geraten. Meine heutige Antwort würde lauten: Die DDR war ihm zu eng geworden, er war ihr über den Kopf gewachsen. Die Beilegung des damaligen akuten Streits hätte nichts mehr daran ändern können, daß wenige Minuten später der nächste ausgebrochen wäre. Und das hat er mit seinem Auszug sich und der DDR erspart.

Im Westen hat der Erfolg nicht gerade auf ihn gelauert, doch er kriegte ihn zu packen. Das wäre ja auch noch schöner, wenn er hier durch die Roste gefallen wäre, er mit seinen tausend Kunststücken. Zwar hat er den Staat und die Gesellschaftsordnung gewechselt, aber schließlich handelt es sich um dieselbe Welt. Er kam als ein vierzigjähriger Unbekannter an, steckte seine Nase ein paarmal ins Fernsehen, und schon war man ihm verfallen. Sicher würde er jetzt sagen: So einfach war es weiß Gott nicht. Aber ich behaupte: Doch, genau so einfach war's!

Als wir das gemeinsame Projekt einer Fernseh-Serie ins Auge faßten, war er schon ein Welt-Star. Ich habe mich hingesetzt und mir vorzustellen versucht, was für ein Rechtsanwalt Krug wäre, wenn er Rechtsanwalt geworden wäre. Das Resultat hieß ‚Liebling-Kreuzberg'. Er ist also auf zweierlei Weise darin präsent: Zum einen als Darsteller einer Rolle, die ihm wahrscheinlich liegt, zum anderen als ständige Inspirationsquelle für einen Autor, der ihn immer vor Augen hatte, vor seinen verklärten.

Da sich viele Menschen für Krug interessieren, wird ein Buch über ihn wahrscheinlich auch auf Interesse stoßen, ein Buch mit Manfred Krug in der Hauptrolle. Dafür soll dies eine Art Vorwort sein. Ich habe noch nie ein Vorwort geschrieben, aber er ist sozusagen dabei, da kann mir nicht viel passieren. Was immer man unternimmt, mit ihm geht es meistens gut, mit ihm ist alles anders.

Einleitung

Das Licht ist nicht besonders gut, aber es regnet immerhin nicht mehr. Es kann gedreht werden. Als der Aufnahmeleiter nach einem letzten besorgten Blick zum Himmel das Startzeichen gibt, setzt sich langsam, aber unaufhaltsam die Filmmaschine in Bewegung. Es ist Samstag, der 15. Juli 1989.

Außenaufnahmen für die Serie »Liebling Kreuzberg«, am Berliner Krempelmarkt in der Nähe des Potsdamer Platzes.

Manfred Krug steigt aus dem Wohnmobil, in dem er geschminkt wurde. »Ick seh' mich mal um«, sagt er und verschwindet mit seinem typischen, wiegenden Gang zwischen den Tischen und Verkaufsständen des Flohmarkts.

Wo der Star auftaucht, verursacht er in der Menge eine Wellenbewegung. Wie weiland Moses durch das Rote Meer schritt, so bahnt sich Krug eine Gasse durch die Menschenwoge, die hinter ihm wieder zusammenschlägt.

Man erkennt ihn in Berlin sofort. »Mensch, kiek mal, der Krug!« Oder: »Ist das nicht Liebling Kreuzberg?«, das sind die häufigsten Bemerkungen, die er provoziert. Jung und Alt drehen sich nach ihm um, der seriöse Angestellte auf der Suche nach einer preiswerten Antiquität ebenso wie der Punker, der einfach den Rumor auf diesem Platz schätzt.

Manfred Krug schlendert hochaufgerichtet wie eine Leuchtboje weiter durch das Meer des Marktes. Er benutzt die Gelegenheit, sich einen alten, schönen Lederkoffer zu kaufen. Stolz schlenkert er den Fund in der Hand hin und her. »Ey, da kommt ja der Luis Trenker der Szene!« grinst ihm ein junger Mann, der wie ein Hippie gekleidet ist, entgegen. Krug ist über solche Bemerkungen nicht böse, er spricht einen Moment mit seinem gewitzten Fan, der danach der Star des Augenblicks ist. Freunde scharen sich um ihn. »Wat hat der denn gesagt?« wollen sie wissen. Für einen Moment ist etwas von der Beliebtheit Krugs auf ihn übergegangen.

Die Aufnahmen beginnen. Krug hat Dialoge mit Diana Körner und später mit Roswitha Schreiner, die in der TV-Serie seine Tochter spielt.

In den engen Gäßchen, zwischen den Verkaufsständen zu drehen, ist für die Crew von der Nova-Film nicht einfach. Drei, vier Proben sind notwendig, bis die Szene im Kasten ist. Einige Verkäufer fühlen sich behindert und motzen. Andere sind geschmeichelt, wieder anderen macht die Sache einfach Spaß. Auf jeden Fall müssen die Staus aufgelöst werden, die durch den Schub der Besucher auf dem überfüllten Flohmarkt entstehen. Das Aufnahmeteam hat alle Hände damit zu tun, die Spontaneität der Szene zu erhalten. Niemand darf in die Kamera sehen, den Star anhimmeln oder unmotiviert in den Weg laufen. Manfred Krug greift selbst ein, wenn nichts mehr geht.

In den kurzen Drehpausen sprechen Spaziergänger den Schauspieler an. Ein älterer Herr aus der DDR erinnert sich an Krug, und der Star findet einige Worte für ihn. Ein jugendlicher Autogrammjäger durchbricht die Absperrung. »Hallo, Liebling«, schüttelt ihm ein Türke die Hand.

Krug vermeidet die Kontakte nicht. Im Gegenteil. Selbst wenn ein Standbesitzer schimpft, weil die Dreharbeiten den Verkauf behindern, bleibt er stehen und argumentiert im schönsten Berlinerisch. Nach ein paar schnoddrigen Worten hat er den Mann am Stand auf seiner Seite.

Außenaufnahmen bedeuten meistens ein Bad in der Menge. Der Schauspieler wird als Idol ins richtige Licht gerückt. Krug bewältigt auch diese Tour de force, obwohl er die Begeisterung der Fans nicht provoziert. Er liebt die Starauftritte nicht unbedingt, dazu nimmt er die handwerkliche Seite seines Berufes zu ernst.

Bei den Außenaufnahmen wird beinahe das gesamte Filmteam zur Komparserie, auch der Autor dieses Buches. Selbst Werner Masten, der Regisseur der Serie »Liebling Kreuzberg«, hat einen Auftritt als neuer Freund von Robert Lieblings Tochter. Amüsant zu beobachten, wie Kunst und Alltag verwischen und jeder aus einer Rolle in die andere schlüpft.

Vier Szenen sind nach insgesamt drei Stunden endlich abgedreht. Manfred Krug eilt zum Wohnmobil, zieht sich um und wird vom Produktionsfahrer sofort an einen anderen Drehort gebracht. Ein arbeitsfreies Wochenende gibt es nicht. Die Dreharbeiten sind im Verzug. Schon rast der Kleintransporter mit dem Star der Serie davon, vorbei an den dichten Schlangen der Händler, die an jedem Wochenende aus Polen anreisen, um hier ihre Habseligkeiten loszuwerden. Auf dem Flohmarkt selbst dürfen die polnischen Kleinhändler und Bauern nicht mehr verkaufen. Wer es dennoch versucht, wird unauffällig von Polizisten in Lederjacke und Jeans abgeführt. So stehen sie auf einer Länge von zwei Kilometern bis zur Staatsbibliothek, eine dunkle, traurige Menschenschlange, und bieten ihre Ware feil. Gerade noch geduldet in der multikulturellen Stadt.

Krug wäre nicht der Mann, der er ist, wenn ihn diese Situation nicht interessierte. Er sieht aus dem Wagenfenster. »Unglaublich«, murmelt er. »Arme Schweine. Wat die mit denen hier machen! . . .« Der Zeitgenosse Krug ist ein politischer Mensch, und als solcher kommentiert er die politische Lage, wo immer sie auffällig wird.

Wieder werden zwei junge Polen, Mann und Frau, mit energischem Griff und unter heftigem Protest der Betroffenen abgeführt. Ein Fall für Liebling Kreuzberg? »Ich kann's ja dem Jurek Becker vorschlagen«, meint Manfred Krug. Vielleicht wird er wirklich bei seinen abendlichen Gesprächen mit dem langjährigen Freund und Autor der TV-Serie darauf zu sprechen kommen. Je aktueller die Thematik, desto besser für »Liebling Kreuzberg«.

Allerdings ist noch nicht sicher, ob die Serie überhaupt weiterlaufen wird. Becker und Krug hassen Serien, die sich totlaufen. Und die jetzt gedrehten acht Folgen sollten eigentlich schon die letzten sein. Aber nun macht man sich wieder Gedanken darüber, ob die Figur des Rechtsanwaltes Robert Liebling nicht weiterleben könnte. Eventuell auch außerhalb von Kanzlei und Gerichtssaal. Als Privatmann sozusagen. Oder Jurek Becker, der Autor, gibt sein Geschöpf für andere Autoren frei.

Wie auch immer entschieden wird (bei Redaktionsschluß dieses Buches dachten die Verantwortlichen darüber noch nach), in Manfred Krugs Karriere war die Figur des Robert Liebling ein Meilenstein.

Auf Manfred Krug warten in den nächsten Jahren vielfältige Aufgaben. Sein Terminkalender ist auf mindestens zwei Jahre restlos ausgebucht. Seine Popularität ist groß. Man kann sich den Star mit der imposanten Statur und der Halbglatze noch in unzähligen und ganz unterschiedlichen Rollen vorstellen.

Dem Schauspieler von Film, Fernsehen und Theater, dem Sänger, Liedermacher und Texter, dem Ehemann, Vater und Kollegen scheinen keine Grenzen gesetzt. Im Osten wie im Westen läßt er seinem wandlungsfähigen Talent freien Lauf.

LEBENSREISE

Seit 52 Jahren ist dieser Manfred Krug nunmehr »unterwegs«. Und der Starruhm stand am Beginn wahrlich nicht auf seinem Programm.

Mit vier Jahren schon fast ganz der alte

Der Anfang

»Manne« erblickte das Licht der damals noch nicht in Deutschland/Ost und Deutschland/West geteilten Welt in Duisburg. Am 8. Februar 1937 gebar die Mutter den strammen Sohn und entließ ihn in eine Welt nüchterner Realitäten. Im Krieg scheiterte die Ehe der Eltern. Manfred wurde dem Vater zugesprochen, sein Bruder kam zur Mutter. Sein Vater, von Beruf Stahlschmelzer und Eisenhütteningenieur, fand nach dem Krieg im Westen keine Arbeit und ging nach Leipzig. Aber erst in Brandenburg an der Havel bekam er die Beschäftigung, die er suchte. Als Betriebschef des dortigen Stahlwerks holte er den zwölfjährigen Manfred, der bis dahin bei seiner Großmutter in Westdeutschland gewohnt hatte, zu sich.

Der Sohn fand sich in der neuen Heimat nur schwer zurecht. Er fühlte sich hin und her gerissen, ging oft nach Westdeutschland zurück, wurde sogar von der Fürsorge gesucht, tauchte wieder auf – und wurde vom Vater mit vierzehn zu den Stahlwerkern gesteckt. Manfred lernte den harten Beruf des Eisenhütten-Facharbeiters und besuchte abends die Schule, um sich auf das Abitur vorzubereiten.

Der Beruf des Stahlschmelzers galt in der DDR, im Gegensatz zum Westen, als Facharbeiter-Beruf. Nach drei Jahren Lehrzeit bekamen die Auszubildenden den Facharbeiterbrief. Krug gehörte zusammen mit seinen Kollegen aus dem gleichen Lehrjahr zu den jüngsten Stahlarbeitern des Werks.

Im Werk wurde im Dreischichten-System gearbeitet. Eines Nachts ereignete sich ein Unfall, dem Manfred Krug seine markante Narbe auf der Stirn zu verdanken hat.

Mit der Mutter in Georg-Marienhütte

*Winter in Osnabrück
um 1940*

Es gab damals noch nicht diese »schönen, geschniegelten, gelben Unfallschutzhelme« (Krug), die es heute gibt. In den Jahren 1951–1953 steckte die gesamte Industrie der DDR noch in den Kinderschuhen. Krug stand vor einem Siemens-Martin-Ofen, der mit Gas beheizt wurde und ein Volumen von 150 Tonnen Stahl besaß. Die Arbeiter trugen Filzhüte, die sie von zu Hause mitbringen mußten. Beim Abstich spritzte der kochende Stahl manchmal unkontrolliert aus dem Ofen, mit einer Hitze von 1700 Grad.
Oberhalb der blauen Brille, die Krug wie alle anderen aufgesetzt hatte, blieb ein Stück dieses glühenden Stahls auf der Stirn des jungen Facharbeiters kleben und fiel »mit der garen Haut gleich wieder runter« (Krug).

Manfred Krug, der von 1951 bis 1954 im Stahlwerk arbeitete, trug auch etliche Narben an den Füßen davon, die von weiteren glühenden Stahlsplittern herrührten. Es mögen diese Unfälle ein Grund mehr gewesen sein, daß der junge Krug den vom Vater für ihn ausersehenen Beruf aufgab. Zum Entsetzen des Vaters, des Eisenhütteningenieurs und heutigen Rentners Richard Krug, der in der für damalige Industriearbeiter typischen Vorstellung lebte, daß alle Familienangehörigen im gleichen Beruf tätig sein sollten.

»Mich hat«, sagt Krug heute, »ein Beruf mit vorwiegend naturwissenschaftlichen Voraussetzungen nicht interessiert. Natürlich hat es meinen Vater entsetzt, daß seine Bemühungen, mich in eine bestimmte Richtung zu bringen, nichts fruchteten. Aber mein Entschluß, all das abzuschütteln, dem Druck meines sehr autoritären Vaters nicht mehr nachzuge-

Mit Vater und Bruder 1950 in Göhren auf Rügen

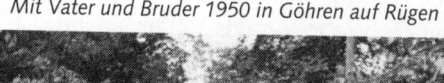

ben, sondern ihm zu widerstehen, der stand fest, obwohl er damals sehr spontan zustandekam.«

Manfred Krug setzte seinen Willen durch und ging nach Berlin auf eine Schauspielschule. Vater Krug wollte natürlich das Beste für seinen Sohn, und mit seiner Meinung über die Schauspielerei stand er wahrlich nicht allein da. Was sollte dieser brotlose Beruf? Schauspieler gab es wie Sand am Meer. So dachte der besorgte Vater, der für seinen Manfred etwas Solides ausgesucht hatte, einen Beruf, den man auch mit minderen Talenten ausüben konnte. Einen Beruf, der den Mann ernährte.

Aber Krug junior blieb stahlhart. Er ging nach Ostberlin. Seine Vorstellung vom Beruf des Schauspielers war zwar noch unausgegoren und seine Eignung noch ungewiß. Aber er hatte im Kino ein Erlebnis gehabt, das ihn bestärkte, seinen eigenen Weg zu gehen. Eines Tages nämlich sah er den Film »Geschäft mit dem Tod«, in dem ein Schauspieler eine entsetzlich schlechte Sterbeszene absolvierte. Manfred Krug kehrte zurück in die Wohnung des Vaters, stellte sich vor den großen Spiegel im Korridor und spielte die Szene noch einmal nach.

»Ich bilde mir ein«, sagt Krug heute dazu, »ich sei in der Lage gewesen, mir damals selbst beim Spielen zuzuhören. Nicht zuzuschauen, was sicher schwer ist, aber zuzuhören. Übrigens eine Fähigkeit, die ich auch heute in meinem Beruf ständig brauche. Ich habe inzwischen auch noch entwickelt, daß ich mir zusehen kann. Bilde ich mir ein. Ich meine, ich könnte mich neben mich stellen, könnte sehen, was ich mache und hören, was ich sage. Und ich fand damals meinen improvisierten Sterbeauftritt in der Wohnung besser als jenen, den ich auf der Leinwand gesehen hatte.

Das war übrigens eine hochdramatische Szene. Der Schauspieler war in meinem Alter. Es ging um geheime Versuche

Strandleben auf Rügen mit Vater Krug

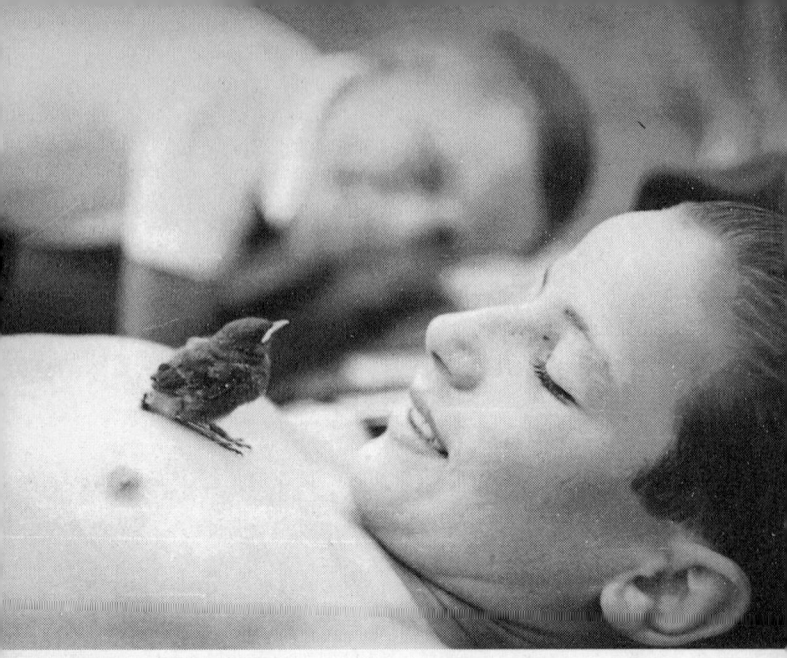

Im Taucha-Bad von Leipzig, Sommer 1951

mit Gammastrahlen, die in USA durchgeführt wurden, und der junge Mann war davon verseucht worden. Ein Thema, das sich vierzig Jahre später als Tatsache herausgestellt hat. Der Verseuchte geht nun ganz jämmerlich vor den Füßen seines Vaters, eines Professors, ein, während sein verstrahlter Füllfederhalter den Geigerzähler zu rasendem Ticken veranlaßt. Ich habe damals den Film unglaubwürdig gefunden. Der kalte Krieg und die Propaganda haben ja auf beiden Seiten, in Amerika schreckliche antikommunistische Werke wie auch in der Sowjetunion antikapitalistische Machwerke hervorgebracht. Und dieser Film war so ein Ding.

Jedenfalls: die letzte Überlegung – was der dort oben auf der Leinwand professionell und gutbezahlt in den Mosfilm-Stu-

24

dios in Moskau abgeliefert hat, das kannst du besser –, diese Überlegung ist in mir gereift beim Besuch dieses Films.«

Ein großes Polit-Melodram über die nordamerikanische Atomforschung, ein Film, der einen Rüstungswahnsinn darstellte, der über Leichen geht – das war es also, was Manfred Krug zum Schauspieler machte. Gleichzeitig erzählt Krug heute, daß ihn die großen politischen Filme eigentlich weniger interessiert haben. Eher waren es die Kleinigkeiten und Einzelheiten ganz unterschiedlicher Werke, auf die er reagierte. Nebensachen, Zwischentöne.

»Es gab damals«, sagt Krug, »Filme, die beispielsweise über die Hitlerzeit übermäßig realistische Auskunft gaben. Einer davon hieß ›Der Fall von Berlin‹, in dem man tatsächlich sieht, wie Hitler in den Teppich beißt. Das war sicher übertrieben und hat dem Publikum nicht geholfen, Hitler als

Der talentierte Barde 1954

Phänomen und zeitgeschichtliche Figur zu verstehen. Er wurde einfach zu klein gemacht und damit zu ungefährlich. Ein besseres Beispiel, wie man das hätte machen können, lieferte ja Bert Brecht in ›Aufstieg und Fall des Arturo Ui‹. Brecht wollte in diesem Stück von Anfang an eine miese, kleine, beschissene Ganovenbande zeigen und durch den Parabelcharakter des Werks, indem also die Verbrecherclique mit der Politikerclique gleichgesetzt wird, darauf hinweisen, wie nahe das Banale und das Böse sich sind. Für mich besitzt diese Parabel etwas sehr Gefährliches und Lächerliches zugleich. Brecht ist da unangreifbar.

Die Filme von damals waren demgegenüber ganz ernst gemeint und kamen mit der Attitüde daher, wir zeigen euch jetzt mal, wie es wirklich gewesen ist. Der realistische Anspruch stand im Vordergrund, nicht das literarisch-parabelhafte Moment. Und das wirkte eben manchmal unfreiwillig komisch. Von solch einer unfreiwilligen Komik in der Darstellung habe ich mich inspirieren lassen, es besser zu machen.«

Die Wege des werdenden Schauspielers sind verschlungen. Zufälle sind oft ausschlaggebend, und nur ganz selten liegt das Genie bereits mit in der Wiege. Von Bestimmung und Berufung reden nur Schwarmgeister.

Im Jahr 1954 zog Manfred Krug also an die Staatliche Schauspielschule Ostberlin. Er lernte das Einmaleins der Darstellung von der Pike auf, wurde jedoch auch hier zunehmend unzufrieden, vor allem mit dem Stil der Unterrichtsmaßnahmen.

Nach einem guten Jahr wurde Krug von der Schule »entfernt«. Prolet, der er war, konnte er mit seiner als grob empfundenen Art nicht reüssieren. Krug bildete damals eine exotische Ausnahme an dieser Schule. Die meisten seiner Kollegen hatten bereits Erfahrungen gesammelt, sei es in

Zwei seltene Dokumente: Manfred Krug bei der Arbeit als Schmelzer im Stahlwerk Brandenburg

Laienspielgruppen, in Betriebsgruppen oder durch die Berufspraxis ihrer Eltern. Krug jedoch kam »voll aus dem Mustopp und scheiterte auch prompt« (Krug).

Es war nicht das mangelnde Talent, das ihm einen Strich durch die Rechnung machte, sondern vielmehr seine Aufmüpfigkeit und Unbeherrschbarkeit. In der DDR jener Jahre galt der Stalinismus noch als absolute Doktrin. Protest gegen staatliche Organe war tabu, das sozialistische Individuum hatte sich einzuordnen.

Entsprechend waren die Ausbildungsmethoden. Es ging an der Ostberliner Schauspielschule ebenso strikt zu wie anderswo. Die Direktoren der Schule waren gleichzeitig Parteisekretäre und besaßen ganz genaue Vorstellungen darüber, wie sich Studenten zu verhalten hatten. Krug empfand sich in dieser Situation selbst als »sehr illustre Type«. Eines Tages hatten die leitenden Herren diese unbotmäßige Figur einfach satt.

Krug konnte nicht landen. Er, der vier Jahre zuvor überhaupt erst aus Westdeutschland gekommen war, der sich frei fühlte und Ordnungsmaßnahmen gern mißachtete, der die Pädagogik in seinem jugendlichen Eifer als gänzlich untaugliche Disziplinierungsmaßnahme verachtete, dieser Krug also kam mit den Wegen des dramatischen Unterrichts, die damals beschritten wurden, nicht zurecht.

Dramatischer Unterricht und die vielen vorbereitenden und flankierenden Stunden waren für ihn, der sich als praktischer Mensch verstand, oft unverständlich. Die Arbeit mit den üblichen Hilfsmitteln des Schauspieler-Drills war ihm unheimlich.

Krug erläutert die damalige Situation: »Da kamen Dozenten und sagten: ›So, jetzt mach mal deine Lampen an‹, und meinten damit, ich solle mich voll konzentrieren. Es ging da um sprachliche Hilfsmittel, die lächerlich waren. Beispielsweise auch folgendes: ›Laß deine Stimme mal durch die Glocke fließen!‹ Undsoweiter. Dabei fühlte ich mich wie ein Kind behandelt. Ich dachte bei mir, es muß also eine überlistende, eine kindliche Sprache für dich benutzt werden, damit du etwas von den hehren Ideen dieser Leute nachempfinden kannst. Das ging mir gewaltig auf die Nerven.

Dazu kam, daß mir vorgeworfen wurde, ich hätte mich mit dem Hausmeister an der Schule, der sich als Vertreter der herrschenden Klasse im Arbeiter- und Bauernstaat fühlte, respektlos unterhalten. Von Du zu Du, von Gleich zu Gleich sozusagen! Ich hatte eben keinen Bammel vor dem, weil er ein Prolet war, ich fühlte mich ihm als Werktätiger, der ich war, auch nicht überlegen oder unterlegen. Aber der wollte intellektuelle Jungs, die vor ihm kuschten. Wenn der in einen Raum reinkam, um den Ofen zu heizen, dann sollten die Schüler sofort aufhören zu deklamieren und zu üben. Das war so ein Typ, der fand sich toll. Und der bekam von mir eines Tages gesagt, paß mal auf, jetzt gehst du mit deinen Briketts wieder raus, heizt den Raum nebenan, da spielt keiner. Und wenn ich in einer halben Stunde fertig bin, dann kannst du hier heizen.

Ich war also ein bißchen ruppig und wenig praktikabel damals.«

Krug mußte die Schule verlassen. Obwohl er eigentlich der ideale Schauspielschüler hätte sein müssen. Denn im Selbstverständnis der DDR waren die starken Werktätigen gefragt, die vom Stahlkocher auf die Theaterbühne sprangen und proletarisches Selbstbewußtsein mit dem Talent zur hohen Kunst verbinden konnten. Denkende Plebs also, die allseits ausgebildete sozialistische Persönlichkeit.

Denkste! Die sozialistische Ordnung in der DDR der 50er und 60er Jahre war eher eine Friedhofs- als eine lebendige Gesellschaftsordnung. Kritische Individuen, die jung waren, die mitreden wollten, verkraftete sie nicht. Etablierte Schauspieler wie Ernst Busch konnten es sich da schon eher erlauben, auch einmal unbotmäßig zu sein. Sie konnten sich Persönlichkeit leisten und wurden dennoch oder gerade deswegen von der Kulturbürokratie und vom Publikum geachtet.

Aber wenn sich plötzlich der unreife Nachwuchs selbständig machte, dann fand das die Bürokratie monströs. Sie fand Individuen monströs, die widersprachen, die eigene Wege suchten, die »die Ho-Chi-Minh-Pfade der Ausbildung«, wie Krug es nennt, gehen wollten und nicht die ausgetretenen Wege des Hauptverkehrs. Das war dieser Kulturbürokratie unheimlich, die andererseits nicht müde wurde, den Widerstand der Bürger im Westen gegen den kapitalistischen Staat zu unterstützen.

»So etwas«, sagt Manfred Krug heute, »das räumten die weg damals, das war nicht bequem. Damit räumten die auf. Und da Bequemlichkeit in einem Land wie der DDR, in dem am Ende des Geldes keine Ware zu haben ist oder doch nur sehr wenig und in großen Abständen, oberstes Gebot ist, war das Unbequeme Gift. Gelassenheit, Gemütlichkeit, Bequemlichkeit, das sind die Zauberworte der DDR. Nichts darf schweißtreibend, anstrengend sein, das gilt bis hinauf zu Pädagogen, wenn diese nicht gerade Besessene sind. Wir hatten übrigens auch ganz tolle Pädagogen, interessanterweise oft Westberliner – vor dem Mauerbau. Frau Buchwald, die Bewegungsdozentin, war aus dem Westen. Eine Frau Hoppe-Klatt machte die Stimmbildung und kam aus Westberlin – oft waren es gerade die aus Westberlin, die eine Art von sozialistischem Elan dort entwickelt haben. Kurios, aber es war so.«

Krug stand 1955 auf der Straße. Was war zu tun? In den Westen, zur Familie zurück, wollte er nicht. Nach Brandenburg zum Vater noch weniger. Mit der ihm eigenen Dynamik beschloß er, das in seiner Situation Schwierigste zu tun: er bewarb sich bei Bertolt Brechts »Berliner Ensemble«, dem Renommiertheater der DDR am Ostberliner Schiffbauerdamm.

Und siehe da, der Mut wurde belohnt. Manfred Krug bekam einen Vertrag als »Eleve«, so nannte man das, was eigentlich Komparse bedeutete. Für 250 DM brutto im Monat lernte Krug zuschauen, zuhören – und Kaffee kochen. Und auch eine Handvoll kleiner und kleinster Rollen fiel für den hoffnungsvollen und energiegeladenen Jungdarsteller ab.

Eleve Krug trat in unscheinbaren Rollen auf. Der einzige nennenswerte Auftritt war einer, in dem Krug sekundenlang sehr laut und heftig agieren mußte – um dann tot umzufallen. Das Ganze dauerte drei Minuten, das Stück war die »Winterschlacht« von Johannes R. Becher, und die Figur, die Krug zu spielen hatte, trug den Rollennamen »Panzerleutnant mit Klaps«. Das war ein Mann, der bei Stalingrad einen Frontkoller bekommt und während die Generalität einen kleinen Stellungssieg feiert, eine leergetrunkene Wodkaflasche zum Mikrofon umfunktioniert, um einen gräßlichen Frontbericht in der Manier eines Radioreporters zu liefern. Dabei regt er sich so auf, daß er stirbt.

Diese Rolle, Krugs größte in jener Zeit, war hochdramatisch. Sie hatte keine »epischen« Züge und verhinderte so, daß sich der Nachwuchsschauspieler mit dem Theaterstil Brechts, dem »epischen Theater«, auseinandersetzen mußte. Das war vielleicht sein Glück, denn damals, mit 20 Jahren, begriff Krug, wie er heute selbst sagt, nicht viel von Theorie. »Mein theaterwissenschaftliches Interesse«, meint er, »war viel kleiner als das ganz sinnliche Interesse zu schauen, was machen die anderen, wie machen sie es, kannst du das auch. Ich hatte auch viele andere ganz praktische Interessen. Ich musizierte gerne, versuchte, ganz autodidaktisch ein Instrument zu erlernen, Gitarre zu spielen, zu singen. Ich war tatsächlich mit mir ausgiebig beschäftigt und froh, wenn ich eine kleine Rolle bekam. Wenn ich die zur Zufriedenheit derer, die schon wußten, was Qualität im Spiel ist, spielen konnte, wollte ich nicht mehr.«

Manfred Krug stellte immerhin auch Meister Brecht zufrieden mit einer kleinen Rolle in dem Film »Katzgraben« von Erwin Strittmatter und in dem Film »Held der westlichen Welt« sowie bei einem kleinen Auftritt in der Papst-Ankleideszene des »Galilei«.

Im wesentlichen jedoch war Krug in dieser Zeit »Stauner, Zugucker«. Das lag auch daran, daß der junge Mann kaum vorgebildet war. Weder literarisch noch theaterpraktisch konnte der Prolet aus dem Stahlwalzwerk Brandenburg mitreden. Also horte er zu. Und vervollständigte damit das wenige Wissen, das er in dem einen Jahr seines Schauspielschüler-Daseins erworben hatte.

Bis 1957 blieb Krug Eleve am Schiffbauerdamm. Dann wagte er den Sprung ins freie Schauspiel. In der Zeit bei Brecht war sein Selbstbewußtsein gewachsen, und nun bereitete er sich darauf vor, das Erlernte aus eigener Kraft umzusetzen.

Krug machte Probeaufnahmen, sang, machte Fotos von sich, die er als Starpostkarten an die Besetzungsbüros in Adlershof und Babelsberg, also zu Film und Fernsehen, schickte. Er entfaltete eine Aktivität in Sachen Eigenwerbung, die früher oder später Früchte tragen mußte, auch wenn sie zunächst seine letzten Groschen verschlang.

Als Typ galt der hochgewachsene Schlaks mit dem kurzgeschnittenen dunklen Haarschopf, den er nach Intellektuellen-Manier frisierte, mit dem coolen Gang und der schnoddrigen Schnauze den Verantwortlichen im Filmschaffen der DDR bald sehr viel.

Er bot sich für Halbstarken-Rollen an. Und nachdem eine Progress-Starpostkarte von »Manne« eines schönen Tages auf dem Schreibtisch eines Besetzungsfachmannes gelandet war, kam seine Karriere, wenn auch zögernd, in Gang.

Schon ein perfektes Idol (Publicityfoto um 1965)

Karriere im Osten

Sein erster Auftritt auf der Kinoleinwand blieb jedoch unspektakulär. In »Mazurka der Liebe« von 1957 erscheint er als »dünner, spacker Jungmensch« (Krug) in einer Riesentotale im Bild, dreht sich kurz um, sagt: »Komm!« – und geht wieder. Kleindarstellerei also auch im Film, nach den Komparsenrollen auf der Bühne. Aber das war nur der Anfang für einen Mann, der kurz vorher erst von der Schauspielschule geflogen war.

Noch im gleichen Jahr konnte man Krug in Kurt Maetzigs »Vergeßt mir meine Traudel nicht« auf der Kinoleinwand sehen. Und auch im Fernsehen erspielte er sich schon im ersten Jahr seiner Karriere Rollen, die im Rückblick sogar als recht groß zu bezeichnen sind. Er spielte den Horst Bergmann in dem TV-Spiel »Gefährliche Wahrheiten«, unter der Regie von Karl-Heinz Bieber, und den Caspar in der romantischen Weber-Oper »Der Freischütz«, die am 26. 12. 1957 ausgestrahlt wurde und die DDR-Bevölkerung, die gerade Weihnachten feierte, mit dem interessanten Talent bekanntmachte.

Damit war Manfred Krugs erstes Jahr als freier Schauspieler beendet.

In »Gefährliche Wahrheiten« hatte Manfred Krug einen Halbstarken gespielt, und das legte ihn vorerst auf diesen Typ fest. Westberlin und Ostberlin waren in den 50er Jahren viel enger verbunden, als man das heute in Erinnerung hat oder wahrhaben will. Westberliner Ganoven wilderten im Osten und umgekehrt. Eine klassische Leitfigur für dieses kriminelle Hin und Her der damaligen Zeit war der Gangster Gladow mit seiner Bande, der 1947/48 zum Schrecken Berlins avancierte, dann gefaßt und hingerichtet wurde.

Das gab es bis zum Bau der Mauer. Und Manfred Krug

spielte deshalb aufgrund seiner äußeren Erscheinung oft kriminelle Jugendliche, Halbstarke und übermütige Burschen, die allerlei Unheil anrichteten. Krug wurde der Halbstarke vom Dienst.

In Filmen wie »Ein Mädchen von 16 1/2« (1958), »Ware für Katalonien« (1959), »Reportage 57« (1959) profilierte sich Krug durch eine Darstellung, die auch den unsympathischsten Vertretern der jungen Generation noch nette Züge von Sorglosigkeit, Arglosigkeit und Lebenslust verlieh.

Im Fernsehen jener Jahre wartete härtere Arbeit auf ihn. Damalige Fernsehspiele wurden noch »live« ausgestrahlt, Aufzeichnungen waren nicht üblich. Dementsprechend hoch waren die Anforderungen an die Schauspieler. Nach meist nur zwei Wochen Probezeit mußte der gesamte Text sitzen, und abends bei der Aufnahme gab es dann den improvisierten Kampf gegen die Technik. Bei Rollen, die häufigeres Umkleiden erforderten, wirkte sich diese Pionierzeit des Fernsehfunks besonders schweißtreibend aus. Aber auch die Möglichkeiten zu lernen, waren unbegrenzt.

Und Manfred Krug konnte bald die erworbenen Fertigkeiten nutzen, um aus der Halbstarken-Schablone auszusteigen. Sein erster Versuch war die Fernsehkomödie »Die Talente« (1960), es folgte im gleichen Jahr der DEFA-Film »Bevor der Blitz einschlägt«, in dem er einen jungen Lokomotivarbeiter spielt. Hier wurden schon die später an Krug so geschätzten darstellerischen Mittel sichtbar: Schnoddrigkeit, Ironie, antiautoritäres Raunzen, trockener Humor.

Und es war auch kein Zufall, daß die ersten Erfolge des Schauspielers Komödien waren. Die ersten Lacher kurbelten Krugs Karriere mehr an als alle seine mimischen Anstrengungen bis dahin zusammengenommen. Daran hat sich bis heute nicht viel geändert. Krugs komödiantisches Talent ist die Basis seiner Popularität.

»Selten sah man eine so echte Darstellung, nur mit wenigen Strichen gezeichnet und dennoch überzeugend«, bemerkte der »Filmspiegel« 1959 zu Krugs Darstellung in »Bevor der Blitz einschlägt«, die nach Meinung des Fachblattes zeige, »über welche schauspielerische Vielseitigkeit, von der leisen Komik bis zum kraftvollen Gefühlsausbruch, er verfügt.«

Die Kritik zeigte, daß man Manfred Krug in der stereotypen Halbstarken-Rolle nicht mehr sehen mochte. Diese Figuren boten einfach zu wenig Identifikationsangebote. »Es passiert ja oft«, schrieb zu diesem Thema ein späterer Fan Krugs, »daß man Darsteller und dargestellte Person nicht voneinander trennen kann, besonders wenn die Darsteller wiederholt nach Typ eingesetzt werden.«

Also mußte Krug zusehen, sich ein anderes Image zu verschaffen.

Krug in seiner ersten Charakterrolle, als Antifaschist Oleg in „Fünf Patronenhülsen" (mit Ernst-Georg Schwill, Günter Naumann, Edwin Marian)

Die Wende kam im Jahr 1959. Frank Beyer verfilmte Walter Gorrishs »Fünf Patronenhülsen« über die internationalen Brigaden im Spanischen Bürgerkrieg. Er holte sich für die Rolle des Polen Oleg, eines leidenschaftlichen jungen Antifaschisten, Manfred Krug.

Der junge Schauspieler erledigte die Aufgabe mit bemerkenswertem Erfolg. Auch wenn er einmal keinen Text spricht, ist er von einer erstaunlichen Präsenz. Unauffällige mimische Mittel, hier eine Geste, dort eine Bewegung, umreißen die Figur des Revolutionärs, der sich in einer prekären Lage wiederfindet.

Mit dieser Rolle erwarb sich Krug den Ruf, ein ernstzunehmender Charakterdarsteller zu sein. Ein Darsteller zeitgenössischer Figuren war geboren, der auch neben dem Komödianten bestehen konnte.

Dennoch bleiben die großen Rollen weiterhin Mangelware.

Krug trat zwar nun öfter und regelmäßiger vor Film- und Fernsehkameras. Aber seine Aufgaben waren zu beliebig, als daß er sich wirklich hätte profilieren können. Er mimte Großbauernsöhne, Traktoristen, Trompeter, Komponisten, aber erst in Filmen wie »Leute mit Flügeln« (1960) – Krug spielt einen KZ-Häftling – oder »Professor Mamlock« (1961) – er mimt einen SA-Sturmbannführer – konnte er seine Fähigkeiten wirklich erweitern.

Seine Möglichkeiten, die Abgründe einer Figur mit leisen, genau ausgebremsten Mitteln zu zeigen, stellte Manfred Krug auch in Fernsehspielen jener Jahre unter Beweis. »Bei Anruf Mord« hieß ein Krimi, in dem er den mordgierigen Ehemann verkörpert, der unter der charmanten Maske den Killer nur notdürftig verbirgt. Das war eine Rolle, die sich dem DDR-Publikum nachdrücklich einprägte.

Manfred Krug hatte jedoch, wie jeder Künstler in der DDR, noch andere Aufgaben zu bewältigen. In sogenannten

»Agitprop«-Einsätzen durfte er auf dem märkischen und mecklenburgischen Land Stadtkultur demonstrieren. »Agitprop«, also: Agitation und Propaganda, klingt in westlichen Ohren schlimmer, als es wirklich ist. Aber es bedeutete für die reisenden Künstler Einsatz in der Provinz, Tingeln durch Orte, die der Karriere nicht unbedingt nützten. Gerade das war jedoch eine Absicht des »Agitprop«: man wollte damit jede Elitebildung einer Künstlerkaste verhindern.

Noch wesentlicher war jedoch, daß Tourneegruppen, die aus Sängern, Sprechern, Schauspielern bestanden und in Tagesgagen bezahlt wurden, regelrechte Bühnenabende auf dem flachen Land absolvierten, die etwa eineinhalb Stunden dauerten und mit den Mitteln der Kunst »richtiges« Bewußtsein vermitteln sollten. Spielorte waren Volksarmeekasernen, Sowjetunterkünfte, aber auch die Betriebskulturhäuser.

Krug mit Jurek Becker und dessen damaliger Freundin im Jahr 1970

Die Auftritte wurden bestellt von den Leitern der Kultur-häuser. Zum Vortrag kam dann ein buntes Programm: Gedichte von Majakowski, Texte von Tucholsky und Müh-sam, zwischendurch Unterhaltung leichteren Zuschnitts wie etwa Glossen von Kästner. Das Ganze, trotz allem Amüse-ment, mit klassenkämpferischem Hintergrund. Jeder, der im Zuschauerraum saß, wußte: das, was da gemeinsam gemacht wurde, war der praktizierte Sozialismus, eine span-nende, neue Angelegenheit, die es wert war, ernst genom-men zu werden. Eine große, schöne Idee von Gerechtigkeit, friedvoller Zukunft, Gleichheit und vom »Morgenrot«, nach einem grauenhaften Krieg und einer Welt der Trümmer, des Elends, der Klassenauseinandersetzungen.

Mit den literarischen Mitteln der Dichter, die schon zwanzig oder dreißig Jahre zuvor eine bessere Welt besungen hatten, sollte in solchen »Agitprop«-Einsätzen der Krieg denunziert und die zukünftige Welt gefeiert werden. Dabei traten besonders die großen deutschen Autoren in den Vorder-grund, deren Visionen vom Sozialismus in der Nacht des Faschismus untergegangen waren.

Die Arbeit des »Agitprop« galt nicht als unfein. Im Gegen-teil. Jeder DDR-Künstler, der bewußt im Osten und nicht in Westdeutschland lebte und arbeitete, nahm gern daran teil. Und Manfred Krug hatte, trotz seines inzwischen etwas verblaßten Halbstarken- und Bohemien-Image, ein ausge-prägtes sozialistisches Bewußtsein. Er wußte, warum er in der DDR lebte. Wer daran gezweifelt hatte, bekam den Gegenbeweis, als am 13. August 1961 die Mauer gebaut wurde. Krug befand sich an diesem Tag im Westen. Und kehrte freiwillig in die DDR zurück.

Der Schauspieler hat später oft auf die Frage antworten müssen, warum er damals zurückgekehrt ist. Aber seine Gründe waren einfach und einleuchtend.

Er fand 1961 den »Versuch, auf deutschem Boden Sozialismus zu installieren und auszuprobieren noch nicht abbruchreif«. Er vertrat, wie viele andere auch, die Ansicht, »daß die Frage, ob das Ganze in die Hosen geht und seine eigenen Maximen verläßt, noch offen war«.

Krug hoffte, der Sozialismus in Deutschland könnte einen anderen Verlauf nehmen, als er ihn dann tatsächlich genommen hat. Er hatte enge Freunde in der DDR, unter anderem Jurek Becker, mit dem er eine Zeitlang zusammen wohnte, er hatte Liebschaften dort, seinen Vater, eine kleine Wohnung in Ostberlin, die er sich aus einem Laden umgebaut hatte, und ein paar Habseligkeiten, an denen er hing. Er hatte sich gerade eine berufliche Existenz aufgebaut, die entwicklungsfähig war: All dies holte ihn zurück in das Land der Arbeiter und Bauern.

Sicherlich spielte auch die Haltung mit, die Mauer müsse nicht so endgültig sein, wie sie dann realiter geworden ist. Krug konnte nicht glauben, daß dieses Bauwerk über zwanzig und mehr Jahre hinweg gleichbedeutend sein würde mit einer Geiselnahme von 17 Millionen Menschen. Mit dieser Einschätzung stand er im intellektuellen Lager nicht allein.

Seine schauspielerische Karriere hatte außerdem in den Jahren 1960/61 einen großen Sprung nach vorn gemacht.

Besonders ein Film brachte ihm die Gunst des DDR-Publikums ein. Es handelte sich um ein Werk, das sein bis dahin gelebtes Leben zur Vorlage nahm: »Auf der Sonnenseite«.

Gleich nach Krugs Rückkehr aus dem Westen in die DDR war der Schriftsteller Heinz Kahlau an ihn herangetreten und hatte gesagt: »Laß uns doch aus deinen komischen Haken, die du in deinem Leben geschlagen hast, eine filmträchtige Geschichte machen.«

Stahlschmelzer wird Schauspieler und zieht das durch. Wahrlich eine auch für DDR-Verhältnisse nicht alltägliche

Story. Krugs musikalische Talente konnten in das Filmprojekt ebenso eingebaut werden wie seine schnoddrige Art, mit der Sprache zu hantieren. Der Film wurde ein für damalige Verhältnisse geradezu unglaublicher Erfolg.

»Auf der Sonnenseite« (1961) war Manfred Krugs Durchbruch. Im Osten gab es zwar diese Bezeichnung nicht, wie es auch das Wort »Star« dort nicht gab. Aber der Film brachte Krug viel Kredit sowohl beim Publikum als auch bei der Kritik ein. Seine Autogrammpost schwoll an, und er bekam vom damaligen Film-Minister, Hans Rodenberg, den Heinrich-Greif-Preis verliehen – zusammen mit dem ganzen Kollektiv.

»Auf der Sonnenseite« ist auch heute noch bemerkenswert. Frappierend, wie locker und witzig Krug den Martin Hoff spielt, wie weit entfernt dieser positive Held von den Wachsfiguren des DEFA-Kabinetts war. Und mit wieviel leisem Humor diese deutsche Komödie daherkommt.

Den letzten Ausschlag für den Riesenerfolg gab Krugs Musikalität. Sie wurde zu einem wichtigen, dramaturgisch konsequent eingebauten Mittel, dem Film Frische, Charme und Witz zu geben. Schon die Titelmusik, von Krug und André Asriel komponiert und getextet (»Stell die Sorgen in die Ecke, nimm dir deinen Hut!«), schlug einen ganz neuen Schlagerton an, den es in der mit gesellschaftlicher Didaktik vollgepumpten DDR bis dahin nicht gegeben hatte. Und Krugs Fähigkeit zur Jazz-Phrasierung tat ein Übriges für den fetzigen Ton der Musik und des ganzen Films.

Mit diesem Werk war Krugs Anfangsphase beendet. Jetzt liebten ihn auch Zuschauer, die ihn vorher nicht geschätzt hatten. Die »Berliner Zeitung« schrieb: »Er kann seinen prallen Humor versprühen, und er kann immer wieder seine etwas kehlige Stimme hören lassen, in einem alten Volkslied, einem Liebeslied, einem Arbeiterlied und in echtem, unverfälschtem Jazz.«

Krugs erster Erfolgsfilm „Auf der Sonnenseite"

Innerhalb von fünf Jahren hatte Manfred Krug damit einen Spitzenplatz unter den DDR-Darstellern errungen.

Andere Filme, die zuvor unter seiner Mitwirkung in den Kinos gelaufen waren, konnten diesem Erfolg nicht das Wasser reichen. Dennoch gab es einige, die Manfred Krug auch heute noch für durchaus gelungen hält.

»Filme, die für mich wichtig waren«, sagt der Star, »waren damals z. B. ›Fünf Patronenhülsen‹, ein Film, der mich lehrte, daß die Arbeit in diesem Geschäft eine sehr ernsthafte ist, auch wenn das Resultat ein heiteres ist. Ich lernte bei diesem Film die Präzision des Kunsthandwerks Kinematographie.«

Gelernt hat Krug damals unaufhörlich. Am meisten übrigens, wie er selbst bekennt, nicht von einem Regisseur, sondern von einem Kameramann. Von Hans Heinrich, der auch »Auf der Sonnenseite« photographierte. Von ihm übernahm Krug etliche handwerkliche Tricks und Mittel, die ein Schauspieler braucht, der speziell Filme und nicht Theater machen will.

Seit dieser Zeit ist Krug leidenschaftlicher Film-Schauspieler, der nichts mehr liebt als die Kommunikation mit dem Apparat Kamera. »Über die Kinematographie«, sagt er, »weiß ich wirklich alles.«

Würde Manfred Krug den Martin Hoff, diesen optimistischen, lebenssprühenden Helden aus »Auf der Sonnenseite«, gern heute noch einmal spielen?

»Absolut!« beteuert der Star. »Denn das war eben kein künstlich optimistischer Held. Eben das war der Gag bei der Sache. Bis dahin gab es Komödien und Lustspiele, in denen der Optimismus und Frohsinn weit hergeholt schien, wodurch diese Filme Schwierigkeiten mit ihrer Wirkung hatten.

In der Rolle des Schriftstellers in „Netzwerk"

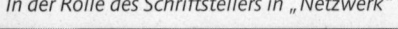

Dieser Martin Hoff, den ich da spielte, das war ein nicht gekünstelter, positiv rangehender Mensch, einer, der die Dinge zu meistern versucht, indem er sich ihnen sehr vorsichtig nähert. Und das haben wir möglichst beiläufig herausgestellt. Wenn ich überhaupt in der DDR eine zusätzliche Farbe in die Filmschauspielerei des Nachkriegs gebracht habe, dann die, positives Denken und Verhalten nicht auf einen Sockel zu stellen, sondern in der beiläufigsten und appetitlichsten Weise durch die Personen hindurch zu zeigen. Das haben die Leute, die überfüttert waren von all den Thälmanns und Liebknechts, diesen Pappfiguren, die mausetot durch die Schwerpunktfilme wandelten, sehr dankbar aufgenommen.

Das Publikum hat sich über diese Menschen, die ich schon sehr früh mit allen Mitteln, die mir zu Gebote standen, spielte – ich wollte keine Abziehbilder spielen, denen ein aufgeschriebener Text aus dem Hals heraushing –, sehr gefreut. Und das ist schon mein ganzes Erfolgsgeheimnis.«

Die Figuren, die Krugs Erfolge ausmachten, waren eben Menschen, die an ihren eigenen Erfahrungen gemessen werden konnten. Die mit ihren eigenen Taten auch scheitern konnten, die durchaus zwiespältige Eigenschaften besaßen. Die Vorstellung des Schauspielers von solchen lebendig wirkenden Personen auf der Filmleinwand führte hin und wieder sogar zu Drehbuchänderungen. Es war eben nicht der bequeme Weg, den der Schauspieler Manfred Krug in der DDR eingeschlagen hatte.

Dieser unbequeme Mann machte hin und wieder auch Abstecher ins klassische Fach. In Goethes »Urfaust« sah man ihn als Mephisto, eine Figur, die vom sozialistischen Gegenwartshelden so weit entfernt war wie der real existierende Sozialismus von seiner Idealform.

Allerdings hatte der Schauspieler, von der Gestalt des Martin

Hoff abgesehen, auch keine sozialistischen Helden im konventionellen Sinne gespielt. Eher kleine Ganoven, Betrüger, Gangster, Halbstarke – negative Jugendliche. Er mußte sich also den Mephisto nicht herholen, um gegen die falschen sozialistischen Helden anzuspielen. Es schmeichelte ihm jedoch, wie er bekannte, daß er mit seinem bis dahin erarbeiteten Image eine große, klassische Gestalt der Weltliteratur spielen konnte.

Den Faust des Jahres 1961 spielte übrigens Hilmar Thate, ein Darsteller, der später wie Krug in den Westen ging.

Der Mephisto schmeichelte Krug, strengte ihn jedoch auch an. Er war es nicht gewohnt, derartig große Rollen »an einem Stück« zu spielen. Als Nicht-Theaterschauspieler fiel es ihm schwer, den ganzen Text auswendig zu lernen. Sein antrainiertes Kurzzeit-Gedächtnis war für diese Rolle unbrauchbar. Das durchlaufende Live-Fernsehspiel verlangte die Fähigkeit zur Konzentration, die auch ein Theaterschauspieler – der Krug nicht war und bis heute nicht ist – aufbringen muß.

Die Ampex-Methode der Aufzeichnung gelangte in der DDR erst 1962 zur Anwendung. Zu spät für den Mephisto Krugs, der die vier Kameras des Fernsehens jedoch wortgewaltig bediente und die ca. 30 000 Fernsehzuschauer in der DDR zufriedenstellte.

Krugs Sehnsucht nach einem deutschen Klassiker war nicht sonderlich ausgeprägt. Aber er sagte sich, das müsse er auch spielen können. Und er konnte. Manfred als Mephisto wurde ein beachtlicher Erfolg.

Nach dem Erfolgsfilm »Auf der Sonnenseite« kümmerte sich Manfred Krug mit neuem Elan auch um seine musikalische Karriere. Der Titelsong aus dem Film erschien im Februar des Jahres 1962 auf einer Single, deren Rückseite Krug mit Gershwins »Summertime« besang.

Manfred Krugs musikalische Karriere hatte – wenn man so will – in Brandenburg begonnen, als ihm sein Vater irgendwann zu Weihnachten eine Gitarre und ein Akkordeon schenkte. Manfred fing mehr schlecht als recht an, auf diesen Instrumenten zu spielen.

Er spielte die Schlager jener Jahre: »Du hast ja Tränen in den Augen« oder »Wenn bei Capri die rote Sonne im Meer versinkt«. Nicht ausgereift, versteht sich. Aber mit dem schöpferischen Elan, der Manfred Krug schon früh auszeichnete. Der hoffnungsvolle Nachwuchs-Musiker wurde vom Vater gerne auf Partys vorgeführt, als Familientalent und begabter Unterhalter.

Interessiert hat Manfred Krug in dieser Zeit die aus den USA nach Deutschland-Ost und -West gleichermaßen hereinschwappende Jazzmusik. Benny Goodman und Count Basie wurden seine Idole, auch die Sänger Louis Armstrong und Ella Fitzgerald. Deren neue Töne begeisterten ihn, aber er erlebte die Musik nur passiv und aus zweiter Hand: über die Aufnahmen mit dem Orchester Kurt Henkels aus Leipzig, auf Schellack-Platten.

Einen aktiven Zugang zum Jazz der Nordamerikaner fand er zunächst nicht. In Brandenburg existierten damals auch keine Musiker, die Jazz hätten nachspielen können. Erst nachdem Krug zwei Jahre in Ostberlin wohnte, stieß er auf eine Amateur-Band, die sich »Blue Music Brothers« nannte und mit Blues und Dixieland die Zuhörer erfreute.

Chef dieser Combo war ein heute in der DDR sehr berühmter Röntgenmediziner, der damals sowohl das Medizinstudium als auch das Trompetenspiel mit großem Ehrgeiz betrieb und einige Musiker um sich geschart hatte.

Stücke wie »When the Saints Go Marchin' In«, also die Klassiker des Dixie, standen auf dem Repertoire der Band, die eines Tages zu Krug kam, von dem man wußte, daß er

»zu Hause in der Badewanne ganz dufte singen und auch die richtigen Töne treffen konnte« (Krug).

Nachdem ein paar Songs einstudiert waren, trat Krug mit der Band im Ostberliner »Prater« in der Pappelallee auf. Ostberlin war in dieser Zeit noch eine lebendige, witzige und geistreiche Stadt. Eine Stadt, die vom Austausch mit dem Westteil lebte und in deren Trümmern sich mehr abspielte als in den Mietskasernen heutzutage.

Krugs Auftritt wurde ein mittlerer Erfolg. Im Garten voller fröhlicher Biertrinker wurde heftig applaudiert. Eine neue Note der DDR-Musik war geboren.

Mit der später »Jazz-Optimisten« genannten Band hatte Krug noch manchen großen Erfolg. Die schon erwähnte erste Platte 1962 war nur der Ausgangspunkt einer gemeinsamen musikalischen Karriere.

Manfred Krug hat diese Karriere in der DDR konsequent weiter verfolgt. Er sang Schlager und Jazz, gab Konzerte, ging auf Tourneen, auch im sozialistischen Ausland. Seine Texte und die unbeschwerte Musik kamen an. Aber das Musikmachen war für ihn, der sich in erster Linie als Schauspieler verstand, harte Arbeit, »Fummelarbeit«, wie er selbst sagt.

Neben Jazz und Schlagern versuchte Krug sich auch am Volkslied und an den klassischen Kampfliedern der Arbeiterbewegung.

Seine ersten drei Langspielplatten kamen durch Mitschnitte öffentlicher Veranstaltungen zustande. »Jazz und Lyrik« hielt einen Abend aus der Berliner Kongreßhalle im November 1964 fest. Krug rezitierte und sang. Texte von Tucholsky und Weinert standen dabei ebenso auf dem Programm wie Gershwin-Stücke und freie Jazz-Improvisationen. Er konnte alles. Und wenn seine kräftige, modulationsfähige Stimme das Konzert mit »Georgia«, »On the Sunny Side of the

Street« oder »Blues in F« abschloß, war das Publikum so richtig angeheizt.

Der Sänger Manfred Krug wollte »nichts für die Ewigkeit schaffen«. Er wollte Platten machen, die »möglicherweise nach einem Vierteljahr in die Ecke fliegen, aber hoffentlich nicht schon nach vierzehn Tagen« (Krug). Und das hat er leicht erreicht. Zehn LP's mit je 100 000 Auflage wurden schnell verkauft. Die Aufnahmen mit wechselnden Instrumentalgruppen – mal kleine Besetzung, mal Big Band, Live-Mitschnitte, Studioproduktionen, musikalische Darbietungen und Textvortrag gemischt – machten ihn in der DDR zum beliebtesten Sänger in den Verkaufsstatistiken.

Heute sagt Krug zu dieser Karriere: »Ich habe in der DDR Musik gemacht, weil es dort sinnvoll war. Weil es dort andere als mich nicht oder kaum gab. Die Originale, Ray Charles und wie sie alle hießen, die kamen nicht. So bin ich dort als ein übrigens sehr guter Ersatzsänger wertvoll gewesen. Aber hier, im Westen, bin ich es nicht in dem Maße. Und ich sehe deshalb keinen Sinn darin, wochenlang an einer Schallplatte zu arbeiten, mit den Mitteln, die heute nötig sind, 24 Spuren, digital undsoweiter – nur um das Risiko einzugehen, daß sich die Leute für diese Art der Musik gar nicht interessieren und wir dann nicht einmal das Geld einspielen können.

Wenn einer 250–300 Tage dreht im Jahr, wann soll der die Platte machen? Da ich mich immer auch ums Arrangement mitgekümmert habe, um den Text und alles mögliche andere, wäre das ein wahnsinniger Aufwand.«

Wahrlich: kaum zu leisten für einen Mann, der nichts aus der Hand gibt. Der sich verantwortlich fühlt für das, was er tut. Der die Arbeitsteilung so gering wie möglich halten will und sich deshalb nicht nur als Zulieferer einer Schallplatten-Industrie begreifen kann.

Aus „Der Kinnhaken", ein Film, zu dem Krug auch das Drehbuch mitschrieb

Aber er hat nach seiner Umsiedlung in den Westen zumindest eine Langspielplatte gemacht, für die er auch ausgezeichnet wurde: mit der »Goldenen Europa« vom Saarländischen Rundfunk. Die Platte erschien im Januar 1979 und hieß »Da bist du ja«. Sie ist heute noch erhältlich. Und sie ist gut. Gerade auch deshalb, weil Krug mit dieser Platte nicht den Modegeschmack bedient. Er schert sich den Teufel um Pop-und-Rock-Pflichten und singt seine Chansons, die für manche Ohren altmodisch klingen mögen, aber authentisch sind, genau gefühlt, handwerklich ohne Firlefanz und präzise umgesetzt.

Ein Publikum, das von der Ödnis endloser Rock-Aufgüsse wie auch von der Provinzialität der Grand-Prix-Schlager-Peinlichkeiten abgestoßen ist, sollte sich diese Platte gerade hier im Westen einmal anhören.

Zurück ins Jahr 1962. Manfred Krug freute sich über den anhaltenden Erfolg seines Films »Auf der Sonnenseite«. Aber er ruhte sich nicht darauf aus. Zwei weitere Leinwandwerke erblickten das Licht des Projektors. Beim ersten, »Der Kinnhaken«, schrieb Krug auch das Drehbuch, zusammen mit Horst Bastian. Beim zweiten, »Beschreibung eines Sommers«, spielte er »nur« die Rolle des Tom Breitsprecher.

In beiden Filmen trat Krug als Alltagsheld einer DDR auf, die sich gerade anschickte, ihre Grenze nach Westen, einschließlich des »antifaschistischen Schutzwalls« gegen Westberlin, zu festigen.

In »Der Kinnhaken« spielt Manfred Krug denn auch folgerichtig das Mitglied einer Kampfgruppe, die am Tag des Mauerbaus die Grenze schützt. Als Georg Niklaus ermöglicht er einem Mädchen, das im Westen arbeitet, die Rückkehr nach Ostberlin – ein illegaler Akt, aus Liebe, aber auch aus sozialistischer Verantwortung.

Co-Drehbuchautor Krug machte es sich nicht leicht. Das

Thema war heikel, hüben wie drüben, die Stimmung in der geteilten Stadt rabiat. In dieser Situation deutlich Standpunkt zu beziehen, war mutig. Und die politische Position, die Manfred Krug bezog, war frei von falschen Tönen. Ebenso aufrichtig agierten die handelnden Personen. »Nicht eine Phrase«, schrieb die Zeitung »Junge Welt«, »kommt aus dem Mund einer spielenden Person.«

Der inzwischen arrivierte Manfred Krug nahm also das Risiko auf sich, Stellung zu beziehen, weil er glaubte, etwas zu sagen zu haben. Im Gegensatz zu seinen Kollegen im Westen glaubte er nämlich nicht, daß mit dem Bau der Mauer die Freiheit in der DDR enden, sondern daß sie damit erst beginnen würde. Ein Standpunkt, den er später selbst korrigierte, den man damals jedoch ohne weiteres vertreten konnte.

In seinem zweiten, vieldiskutierten Film des Jahres 1962 spielte Krug einen jungen Bauingenieur, der, geprägt vom faschistischen Krieg, danach aus Überzeugung, beim Aufbau des Sozialismus in der DDR mitmacht. In einem Interview sagte Krug über seine Rolle: »Tom Breitsprecher ist mir in großen Teilen sympathisch. Er redet nicht allzu lange über die Arbeit, er spart diese Zeit ein, um zu arbeiten.«

Und weiter: »Breitsprecher hat eine Tendenz zu dem Fortschritt, den wir meinen. Er haßt den Krieg, weil er den Zweiten Weltkrieg miterlebt hat. Er ist unpathetisch. Es ist noch viel von ihm zu erwarten.«

Ein Krug-Original. Eine Figur, die angefüllt ist bis obenhin mit persönlichen Überzeugungen des Schauspielers, der jede Rolle an eigenen Erfahrungen mißt.

»Beschreibung eines Sommers« kam als Beitrag zum 6. Parteitag der SED Anfang 1963 in die Kinos. Und das Publikum war sich darin einig, daß es sehr schwer war, zu entscheiden, wo der Krug aufhörte und der Breitsprecher

Als romantischer und auch hungriger Abenteuerheld in „Mir nach
Canaillen" (mit Jutta Wachowiak)

begann. Die durch Krug verkörperte Filmfigur wurde als neuer Bürger der Republik sehr herzlich begrüßt.

Zwischen den Jahren 1961 und 1968 tauchte Manfred Krug im Fernsehen nicht mehr auf. Umso häufiger dafür auf der Kinoleinwand. Er spielte Jazzsänger (»Nebel«, 1962), Mantel-und-Degen-Helden (»Mir nach, Canaillen!«, 1964), historische Figuren (»König Drosselbart«, 1965), Operngestalten (»Frau Venus und ihr Teufel«, 1967), Literaten (»Abschied«, 1968) und Hauptmänner (»Käuzchenkuhle«, 1969). Wahrlich ein breites Spektrum künstlerischer Äußerungen, die bewiesen, welche Souveränität im Umgang mit seinen Mitteln der beliebte DDR-Star inzwischen erworben hatte.

Das Geheimnis seines Erfolges war und blieb, daß er zuerst immer Manfred Krug war. Selbst in einem Kinder-Märchen-

Der Star mit seiner jüngsten Tochter Stephanie 1971

film wie »König Drosselbart« oder hoch zu Roß in »Mir nach, Canaillen!« erkannte das Publikum seinen »Manne« wieder. Spröde Romantik, freche Schnauze, lässiges Gebaren, echtes Gefühl: Krug verleugnete sich auch in den unterschiedlichsten Verkleidungen nicht.

Der Star konnte plötzlich fechten, reiten, Rüstungen tragen. Als Sänger Tannhäuser auf der Wartburg, der mit angejazzten Tönen den Wettstreit der Kehlen zu seinen Gunsten entscheidet, erfreute er ebenso wie als »Hauptmann Florian von der Mühle«, in einer abenteuerlichen Komödie aus dem Jahr 1968, in der Krug im neuen 70mm-Format auf der Leinwand erschien und als Held des Befreiungskrieges gegen Napoleon die Lacher auf seiner Seite hatte.

Immer selbstverständlicher schien es der DDR-Kritik, daß ihr Krug einer war, »der das Herz auf dem rechten, also linken Fleck hat, dort, wo die Sache des Volkes verfochten wird« (»Wochenpost«). Und der Star fühlte sich mit Witz, Herz und seinem »freiwilligen Sozialismus« sehr wohl in dieser Einschätzung.

Am Anfang der Karriere von Manfred Krug stand die Frage, ob der begabte junge Mann sich als Schauspieler oder als Sänger versuchen sollte. Die Entscheidung war dann zwangsläufig gefallen: zugunsten beider Ausdrucksformen.

Eine andere Entscheidung hatte Krug ebenfalls getroffen: für den Film und nicht fürs Theater zu arbeiten.

Aber völlig bühnenabstinent blieb der inzwischen zum Star der technischen Medien gereifte Krug doch nicht. Im Jahr 1970 machte er wieder einen Abstecher zum Theater, in einer Rolle, die ungewöhnlich genug war. Manfred Krug spielte den Sporting Life in George Gershwins »Porgy und Bess«.

Regisseur Götz Friedrich von der Berliner Komischen Oper hatte die Idee für diese außergewöhnliche Besetzung. Die

Aus dem Film „Spur der Steine"

Als Hauptmann Florian von der Mühle

Rolle des Farbigen Sporting Life, einer besonderen Gestalt in der Gershwin-Oper, ist charakterisiert durch Motive des Commercial Jazz, erfordert tänzerische Begabung und eine wandlungsfähige Stimme. Die Filmversion mit Sammy Davis Jr. hatte das hinlänglich bewiesen.

Krug vereinte die notwendigen Fähigkeiten für den Sporting Life in verblüffender Weise.

Er schätzte die Musik Gershwins, der für ihn zu den großen Klassikern gehört. Und er erarbeitete sich eine darstellerische Konzeption, die vom Jazz, nicht vom Belcanto-Operngesang ausging. Es bereitete ihm Freude, als Schlager- und Chansonsänger auf einer Opernbühne zu stehen und die Grenzen zwischen »hoher« und »niedriger« Kunst durch eigene Anstrengung zu verwischen.

So naheliegend die Rollenbesetzung mit Krug im nachhinein auch schien – am Anfang war sie für alle Beteiligten ein Risiko. Der Schauspieler besaß kaum Theater- und keine Opernerfahrung. Jazzkonzerte hatte er zwar absolviert, mit einiger Elektro-Technik, aber jetzt mußte er nur durch die natürliche Kraft seiner Stimme und seines Bewegungsausdrucks überzeugen.

Die Premiere am 24. Januar 1970 übertraf alle Erwartungen. Krug selbst war der Glücklichste unter den Glücklichen, die hinterher feierten. Die Inszenierung lief danach über sechs Jahre lang an der Komischen Oper und förderte Manfred Krugs Karriere in erheblichem Ausmaß.

Sozialistische Gegenwartshelden

Krug hatte bis Ende der 60er Jahre so ziemlich alles gespielt. Nichts Schauspielerisches blieb ihm fremd. Und nachdem diese Tatsache erst einmal sein Selbstbewußtstein gestärkt hatte, konnte er sich auch gezielt den Rollen zuwenden, vor denen er aus verständlicher Scheu vor falschen Tönen bisher gezögert hatte: den sozialistischen Gegenwartshelden.

Also verkörperte er nun Figuren wie den Jule Hammer in »Die Fahne von Kriwoj Rog« (1967), den Willi Heyer in »Wege übers Land«, einer Fernsehproduktion von 1968, den LKW-Piloten Hannes in »Weite Straßen – Stille Liebe« (1969) oder den Kurt Hartung in »Meine Stunde Null« (1970).

Das waren große Rollen, in denen Krug die Alltagsgestalten einer sich gerade stabilisierenden DDR interpretierte, die bewußt dabei war, an die großen revolutionären Bewegungen der deutschen Vergangenheit anzuknüpfen.

Auffällig ist aber, daß Krug erst Ende der 60er Jahre immer wieder, ja fast ausschließlich sozial engagierte, historisch argumentierende, politisch zuverlässige Männer spielte. Erst jetzt entfernte er sich also endgültig von den Halbstarken, Zwielichtigen, Kostümfiguren und auch von den Jedermännern seiner Anfangszeit.

Auch und gerade in den neuen Rollen bewies Manfred Krug absolutes Engagement für die Gestaltung. Bei den Dreharbeiten brachte er immer wieder Anregungen mit ein. »Ich als Gaukler lese ein Drehbuch immer unter dem besonderen Aspekt der Spielbarkeit einer Rolle, und wenn es ein fortschrittlicher Mensch ist, wird die Verantwortung eigentlich immer größer. Vor allem auch die Verantwortung dahin, daß man nicht gerade Lust hat, einen Parteisekretär zu spielen, der auf irgendeinem kleinen Sockel steht« (Krug).

Ich als Gaukler – diese Ausdrucksweise kann man von Manfred Krug immer wieder hören. Was zunächst irritierend klingt, weil man mit einem Gaukler unvermeidlich etwas Irrlichterndes, Schillerndes assoziiert, wird in der Erklärung durch Krug verständlich. Er vermeidet Übertreibungen. Er hat eine ausgeprägte Angst vor dem großen Wort. Lieber benutzt er ein kleines. Manchmal auch ein zu kleines.

Krug ist keiner, der den Leuten etwas vor»gaukelt«, der sie mit Taschenspielertricks überrumpelt. Aber er ist ein Darsteller, der Wert darauf legt, ein Handwerk auszuüben, das von jedem Starrummel weit entfernt ist. Andererseits weiß er, daß die Schauspielerei vom Jahrmarkt und von der Straße kommt. Aus einer Zeit, als sie von herumziehenden und fahrenden Menschen ausgeübt wurde. Mit dieser Herkunft will er sich über den Ausdruck »Gaukler« solidarisch zeigen. Dieser »Gaukler« spielte also nun ein Stück Sozialismus in Kino und Fernsehen vor.

Krug hat immer wieder betont, daß er keine Botschaft habe. Wenn er eine hätte, könne er sie nur privat äußern. Steht er vor der Kamera, ist es sein ausschließliches Ziel, so gut wie möglich zu spielen. Er verabscheut den erhobenen Zeigefinger, in der Kunst wie auch im Privatleben. Er mag Menschen nicht, die im Gespräch mit ihm versuchen, belehrend zu sein. Und er mag keine Kunst, die den Menschen eine bestimmte Sicht der Dinge einzubleuen versucht.

Ein Schauspieler, der solche Ansichten vertrat, setzte nun alle Mittel ein, um proletarische Helden zu spielen. Er wollte das DDR-Kino, das lieber Spruchbänder flattern ließ, in die Realität zurückholen.

In kleinsten Nuancen der Mimik und der Gestik, mit verhaltenem Humor und einer souveränen Parteilichkeit, die Stimmungsumschwünge und Zwischentöne nicht wegkehrt, gestaltete er seine Aufgaben.

Sozialistisches Gegenwartsdrama „Meine Stunde Null" (Drehbuch Jurek Becker)

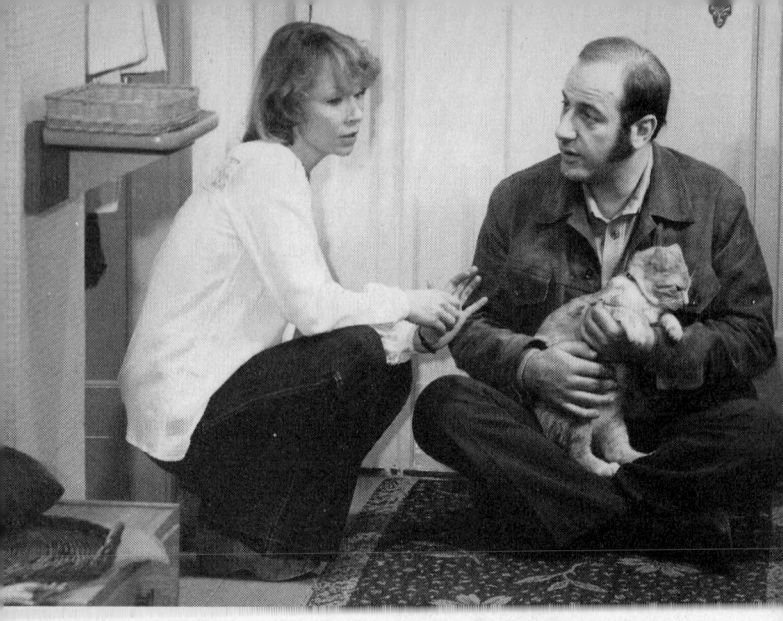

„Das Versteck", erst nach Krugs Ausreise in die DDR-Kinos gekommen

Als Bobbi Thiel in »Die Verschworenen« (1971) spielte er einen Kommunisten, der 1944 in einem Zuchthaus der Nazis sitzt, bei Kriegsende von den Sowjetsoldaten befreit wird und beim Aufbau eines neuen, antifaschistischen Deutschlands tätig wird.

In vier großen Teilen wird sein Lebensweg weitererzählt bis zur Gegenwart, verknüpft mit dem Leben anderer Figuren und mit den politischen Strömungen im Land.

Die Geschichte des ehemaligen Spanienkämpfers Bobbi Thiel, an dessen Seite andere Kommunisten stehen — u.a. ein Antifaschist namens Kurt Lindow, gespielt von Armin Mueller-Stahl, heute wie Krug in der Bundesrepublik –, prägte sich tief in das Bewußtsein der DDR-Fernsehzuschauer ein.

Helden dieser Art waren es, die mit der Realität des Landes

versöhnten. Denn daß die Aktivisten »der ersten Stunde«, die Kämpfer gegen den Nazi-Faschismus in diesem Land und nicht im Westen an der politischen Zukunft mitbauten, ließ hoffen. Und verdrängte die triste Gegenwart.

Weitere Krug-Filme folgten. Im Fernsehen trat der Star in der siebenteiligen Serie, »Die Stülpner-Legende« (1972/73) auf und 1975/76 in der fünfteiligen Serie »Daniel Druskat«. Ein Dokumentarfilm über seine Karriere (»Manfred Krug«, 1973, Regie: Uwe Belz) wurde ausgestrahlt, es folgten weitere Spielfilme: »Feuer unter Deck« (1976) und »Das Versteck« (1977).

Die Unterschrift

Noch während der Dreharbeiten zu »Das Versteck«, im November 1976, hatte Krug eine Petition unterschrieben, in der prominente Künstler gegen die Ausbürgerung des Liedermachers Wolf Biermann protestierten. Fünf Monate später stellte er einen Antrag auf Ausreise in den Westen. Im Juni 1977 verließ er die DDR; in der Zeitung »Neues Deutschland« erschien darüber lediglich eine Zehn-Zeilen-Notiz.

Die Ereignisse zwischen November 1976 und Juni 1977 sind es wert, ausführlicher beschrieben zu werden. Sie dokumentieren ein Stück deutsch-deutscher Tragödie. Auch wenn sie in der Rückschau durch den Schauspieler selbst manchmal eher an eine Farce erinnern.

Am 16. April 1977 also stellte Manfred Krug einen Ausreiseantrag, den er an den Rat des Stadtbezirks Pankow, Abteilung Innere Angelegenheiten, richtete. Sein Begehren auszureisen, begründete er wie folgt:

Nach der Protestresolution von zwölf Schriftstellern, der sich danach viele andere Künstler, eben auch er selbst, anschlossen, hatte sich sein berufliches und privates Leben völlig verändert. Das Fernsehen der DDR hatte ihn von jeglicher Mitarbeit ausgeschlossen; mehrere Rollen waren ihm verlorengegangen, u.a. die Titelrollen zweier Erstverfilmungen für den »Götz von Berlichingen« und den »Michael Kohlhaas«; eine fertiggestellte Langspielplatte mit dem Titel »Die großen Erfolge« war nicht wie vorgesehen und angekündigt erschienen; der DEFA-Spielfilm »Feuer unter Deck«, an dem er während des Sommers 1976 gearbeitet hatte, war als Beitrag zu den Sommerfilmtagen 1977 gestrichen worden. Zwei Tage vor Biermanns Ausweisung war ihm erstmals eine Konzerttournee durch die BRD angeboten worden, die er für

April 1977 zugesagt hatte; diese Tournee fand nicht mehr statt. Weiter wurde die Produktion einer Mark Twain-Platte, die ihm vom Leiter der Abteilung LITERA beim VEB »Deutsche Schallplatten« für das erste Quartal 1977 angeboten worden ist, nun ebenfalls abgesagt. Am 1. Januar 1977 hatte Krug eine Reise zu seinem Bruder in der BRD beantragt, die er im März antreten wollte – er erhielt nicht einmal eine Antwort. Obwohl er bis zu diesem Zeitpunkt noch nie ein Konzert gegeben hatte, das nicht ausverkauft gewesen wäre, lag nun kein neues Angebot mehr vor. Im Gegenteil, von 15 im Vorjahr zugesagten Konzerten waren 9 ersatzlos gestrichen worden.

In seinem Antrag auf Ausreise beschrieb Krug, wie er während seiner letzten Konzerttourneen von Kriminalbeamten offen observiert worden sei. Seine Ansagen waren demonstrativ mitgeschrieben worden, und in den ersten Reihen des Konzertsaals saßen plötzlich Gruppen von Zuhörern mit finsteren Mienen, die keine Hand zum Applaus rührten. Eine Art verabredeter Feindseligkeit, die für einen Bühnenkünstler unerträglich ist, schlug Krug entgegen.

Aus diesen und noch anderen Gründen beantragte Manfred Krug nun die Ausreise in die BRD. Die Familie Krug hinterließ ihr Haus in der Wilhelm-Wolff-Str. 15 »dem Staat« und der Gemeinde Vipperow im Kreis Röbel. Ein Wassergrundstück, das Krug als Vergünstigung nach dem Fernsehfilm »Wege übers Land« hatte kaufen können, stellte er ebenfalls entschädigungslos zur Verfügung.

Innerhalb von 24 Stunden trugen die Unterzeichnenden der November-Resolution eine Art Kainszeichen auf der Stirn: das der Dissidenten. Das, was danach geschah, nannte man zur gleichen Zeit in der Bundesrepublik Berufsverbot, wo kritischen Geistern, die offizieller Politik widersprachen, der soziale Boden unter den Füßen weggezogen wurde.

Krug lernte die bösartige Seite der DDR kennen, »die wie eine tückische Verlobte reagiert, wenn sie sich gekränkt fühlt« (Krug). Er wurde boykottiert, sein Telefon schwieg, Schatten der »Firma«, also des Staatssicherheitsdienstes hefteten sich an seine Fersen.

Krug erinnert sich an stundenlange Gespräche im Zentralkomitee der SED, mit dem dortigen Leiter für Innere Angelegenheiten, der ihn bekniete, um Himmels willen einen »Es-lebe-die-DDR-Brief« zu schreiben. Krug lehnte ab.

Freunde besuchten den Schauspieler, auch solche, die er lange nicht mehr gesehen hatte, wie Hilmar Thate oder Angelika Domröse, die ebenfalls auf der Liste unterschrieben hatten. Frank Beyer, der Regisseur von »Spur der Steine«, kam unangemeldet vorbei, Jurek Becker erschien beinahe jeden Tag. Die Gespräche, die sie führten, waren intensiver als zuvor, aber auch angespannter.

Überhaupt war die persönliche und psychologische Seite für die Betroffenen, also die Unterzeichner, schwer. Das Verhältnis zu Freunden und Bekannten wurde ein anderes. Manche Besucher brachten Rufmordgeschichten mit, wonach in den Bezirken Rostock und Cottbus auf Bezirksleitungsebene der SED von Krug als von einem Kriminellen gesprochen wurde, gegen den genug Material vorliege, um ihn jederzeit vom Staatsanwalt packen zu lassen.

Es wurde Krug immer bewußter, wie sehr er an den Rand der Gesellschaft manövriert wurde. Er stellte sich vor, wie er sein Haus verlassen muß. Vor allem, nachdem sein Ausreiseantrag gestellt war, hatte er die Konsequenzen für sich und die Familie klar vor Augen. Die Villa, in der er wohnte, war für ihn, den öffentlich agierenden Star der Medien, an den die Fans dichter herankommen als an die »Götter aus dem Politbüro«, lebensnotwendig. Kein Mensch würde einen SED-Funktionär auf der Straße erkennen, selbst wenn er unrasiert und nasebohrend einen Schaufensterbummel machte. Für Personen der Medien-Öffentlichkeit wie Krug gab es diese Anonymität nicht. Krug fühlte ständig den Zwang, sich so zu benehmen, wie die Leute es von ihm erwarteten. Nach dem Verlassen seiner Haustür wurde er verkrampft, steif, ordentlich und hatte den ganzen Tag Sehnsucht nach zu Hause, nach seinem Refugium, in dem er sich erholte und reaktivierte.

In den Tagen nach dem Ausreiseantrag kommt es Krug so vor, als müsse er aus Erregung und aus erzwungener Inaktivität dauernd im Zimmer seines Hauses hin und her laufen. Aber er kommt kaum dazu, denn es klingelt und klingelt. Ein Mensch, den er kaum kennt, kommt und will 20 000 Mark geliehen haben, bevor Krug ausreist. Freunde kommen und gehen. Die Familie fährt nach Pankow und kauft zehn Koffer und zwei große Kisten Zellstoff als Verpackungsmaterial. Krug beginnt, einige Hundert 78er Schellackplatten einzukoffern.

Transportprobleme sind jedoch noch die geringsten Probleme, die auf die Krugs warten.

Der Sohn von Bekannten schneit herein und berichtet, in der Schule habe der Politoffizier im Unterricht gesagt, Leute vom Schlage eines Krug lebten wie die Fürsten und seien Feinde des Staates. Plötzlich ist Manfred Krug in der DDR nicht mehr der liebe »Manne«, sondern ein Staatsfeind. Er ist nicht mehr Nationalpreisträger, Heinrich-Greif-Preisträger, der Mann mit dem x-fachen goldenen Lorbeer, mit dem besten Abzeichen der Armee, mit der Goldenen Kamera des Fernsehens, mit der Verdienstmedaille der DDR – plötzlich ist er ein Feind des Volkes.

Innerlich ist Manfred Krug in den Apriltagen 1977 schon weg. Er geht durch das Haus. Er betrachtet die »Biberschwänze«, die er auf dem Dachboden eingebaut hat, den ausgestopften Braunbär, das Geschenk einer Dame, die in den Westen ging, er schlendert im Parterre durch die drei schönen Wohnräume, das Speisezimmer, das getäfelte Wohnzimmer. Kein Quadratzentimeter Putz im Haus, weder außen noch innen, ist alt und rissig. Das Haus ist liebevoll restauriert wie ein wertvolles Barockschloß – für DDR-Verhältnisse nicht eben der Normalzustand.

Dieses Haus mit dem Marmorklosett, dem Wintergarten aus feinstem Napoleon-Marmor, mit der Schwingtür zwischen Diele und Windfang mit ihren geschliffenen Scheiben, mit den drei fein gestrebten weißen Bogentüren, die zur Terrasse führen, dem Kamin, den Parkettböden, dem wohlumfriedeten riesengroßen Garten und den alten Bäumen, Hecken, den versteckten Winkeln und dem Teehäuschen – er wird es verlassen. Dieses Stück Heimat und DDR der Familie Krug.

In der Garage stehen Krugs alte Autos, teilweise völlig zerlegt. Der ORYX von 1911, der Simson Supra von 1930, der BMW 327/328 und der BMW 315/19. Ein halbes Dutzend anderer Schrotthaufen und an die zwanzig Kutschen, die Krug vor der Kiesgrube gerettet hat, warten ebenfalls auf die Hände des Bastlers. Soviel anderes mehr hat sich angesammelt in der Wilhelm-Wolff-Str. 15.

Krug erinnert sich: wenige Tage vor dem Ausreiseantrag hatte er sich mit dem Direktor des Spielfilmstudios der DEFA in Babelsberg getroffen. Er warf diesem vor, den schon abgedrehten Film »Feuer unter Deck« zurückgezogen zu haben. Schließlich war er ja kein anderer geworden nach seiner Unterschrift unter die Protestresolution gegen Biermanns Ausweisung. Das Publikum in der DDR hatte ja

Sammler Krug mit seinem Lieblingsstück, einem alten Edison-Phonographen

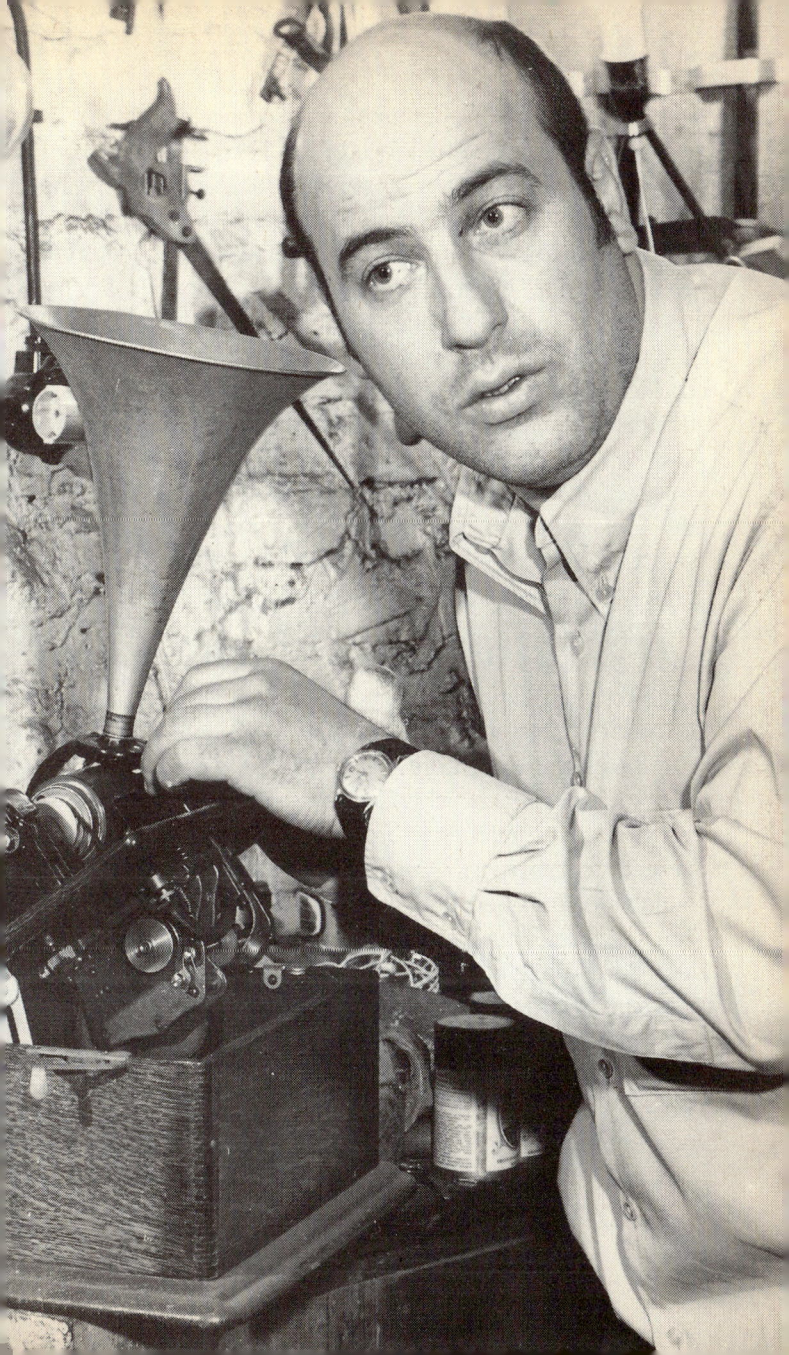

gespürt, daß der Mann und der Schauspieler identisch waren. Daß da eine Ausstrahlung von Echtheit und persönlicher Freiheit war. Eine Aura von Unbefangenheit. Eine Person also, die sich nicht hatte verbiegen lassen, keiner, von dem die Hälfte aller gegebenen Interviews weggeworfen werden mußte, ein frecher, gerader Mann und ein Schauspieler, von dem selbst auf der Leinwand noch genug übrigblieb, so daß die Leute sagten: da seht, sowas gibt's noch, solche Typen existieren. Mitten in der sozialistischen Selbstdarstellungsqual: ein Mensch, dem man glauben konnte.

Das Publikum glaubte Krug sogar die Parteisekretäre, die er spielte. Denn er spielte keinen, den man kannte, keines von den armen, geschlagenen Gesichtern, sondern einen, der er selbst hätte sein wollen, wenn die SED die Partei gewesen wäre, die seine Mitarbeit und Kritik hätte gebrauchen können.

Der Generaldirektor des Spielfilmstudios der DEFA riet Krug, jetzt kein Hobbypolitiker zu werden, sondern Schauspieler zu bleiben. Aber er machte ihm keine Angebote. Gespräche wie dieses waren für Krug in jenen Tagen das Schwierigste. Gespräche, in denen nichts Genaues zur Sprache kam. Keine konkreten Maßnahmen. Nur Stimmungen, subtile Drohungen, unterschwellige Anschuldigungen. Gespräche, nach denen Krug aufstand, ging und nicht schlauer war als vorher. Aber nach solchen Gesprächen mit »Kulturpolitikern« war klar, daß Krug abgeschoben werden sollte. Daß man ihm nie verzeihen würde. Daß man an der Schraube mit dem engen Gewinde solange weiterdrehen würde, bis der Schauspieler keinen Ruf mehr hätte.

Wenn Krug in dieser Zeit Menschen auf der Straße begegnet, kommt es vor, daß sie ihre Blicke nicht mehr von ihm wenden können. Aufgerissene Augen und Münder. Autos überholen ihn mit lebensgefährlichen Manövern, ihre Insassen gaffen, ob er es selbst ist oder nur ein Geist. Sein Image kann Krug in diesen späten Apriltagen 1977 nicht mehr kontrollieren, es verselbständigt sich.

Krug trifft seine Freunde, von denen er nicht weiß, ob er sie je wiedersehen wird. Es ist so, als wollte er einen Dampfer besteigen, der ihn auf die andere Seite der Welt bringt. Dabei sind es nur einige Kilometer auf die andere Seite der Mauer, die er zurücklegen will.

Eine Woche nach Antragstellung packen die Krugs keine Koffer mehr. Es könnte sein, daß sie sie wieder auspacken müssen. Zwölf stehen schon im Eßzimmer, die Wohnung sieht wie eine Gepäckaufgabe aus. Von den Ministerien kommt keine Antwort.

Eines Tages trifft ein Telegramm von der Leiterin der Besetzungsabteilung der DEFA ein: »Wir treffen uns zur Maidemonstration um 10 Uhr im Marschblock 13, Potsdam, Otto Nuschke Straße, Richtung Hegelallee.« Wird das Leben wieder normal?

Manfred Krug beginnt mit dem 19. April 1977 ein Tagebuch der laufenden Ereignisse. Er hält fest, was passiert, und auch, was eben nicht passiert.

Krug ist soweit, daß er auch unbescholtene Männer für Stasi-Mitarbeiter hält. Er ist soweit, daß er mit dem Feldstecher die Fenster der Nachbarhäuser nach Beobachtern absucht.

Er schreibt in sein Tagebuch: »Wir alle haben viele Freunde, weil wir viele Freunde brauchen. Einen Fingerfertigen, einen Hilfsbereiten, einen Schlauen, einen mit Verbindungen zur Partei oder zu Handwerkern – viele, viele. Tausend Kleinigkeiten funktionieren überhaupt nur aus Freundschaft. Manche Freundschaften leben nur vom Zusammenhalt gegen das Eingesperrtsein. Gegen die Langeweile. Oder auch nur gegen die Kellner, die einen an der Tür stundenlang warten lassen, als würde man im Interhotel das Zigeunersteak mit Letscho geschenkt kriegen.«

Und weiter: »Wer um halb drei die Schönhauser Allee in Richtung Pankow fährt, kann in der Wisbyer Straße die längsten Brötchenschlangen von Europa sehen. Der Laden macht erst um drei Uhr auf. In den Gaststätten wird bei uns gekocht, weil man seinen Dienst runterkochen muß, weil die 300 Portionen raus müssen. Wir haben unsere nationale Identität verloren und nicht wiedergewonnen. Kein Deutscher tut Gutes einem anderen Deutschen. Aber jeder Deutsche ist des anderen Deutschen Aufseher, Polizist, Denunziant, Vormund. Unsere Autofahrer zeigen einander die meisten Vögel, fahren die meisten Rennen gegeneinander, schreiben Nummern auf. Bei jeder Gelegenheit findet man im Alltag diese, unsere Charaktereigenschaften. Das kommt, weil wir gegenüber der Macht den Mund halten müssen. Das ist die größte Unschicklichkeit der Partei, die immer neidisch auf den Freiheitszauber der kapitalistischen Gesellschaft schielt. So schlucken wir all unseren Widerspruch herunter und kommen immer mehr in Dampf, den wir gegen unsere Mitmenschen und zu Hause gegen Frau und Kinder ablassen. Vor allem die Frauen sorgen für die hohe Scheidungsquote in der DDR. Ich bezweifle die Behauptung, dies sei ein gutes Zeichen für die gelungene Emanzipation und die wirtschaftliche Unabhängigkeit der Frau gegenüber dem Mann. Unsere einmalig hohe Scheidungsquote ist ein Zeichen für den Staatsdruck, der zu Hause umgesetzt wird in Familiendruck. Es wird auch nicht behauptet, der hohe Schnapsumsatz in den sozialistischen Ländern lasse auf die gute Wodkaqualität schließen.«

Mit solchen scharfsinnigen Beobachtungen und Einschätzungen, die Krug allerdings seiner mißlichen Situation verdankt, die ihn von einer befriedigenden Arbeit als Schauspieler »freistellt«, übersteht der Inkriminierte die Zeit zwischen April und Juni 1977.

Freunde erscheinen und fragen die wahnsinnigsten Dinge. Ob es stimme, daß Krug drei Monate durch Kanada gereist sei, daß er ein Hotel gemietet hätte, um seine dritte, zusammengeraffte Million zu feiern und ähnliches.

Ein Gedanke macht ihm ein schlechtes Gewissen vor den Bürgern der DDR: nun doch ein einziges und letztes Privileg in Anspruch zu nehmen, ein Privileg, das nur für wenige da ist, nämlich, gehen zu dürfen. Aber: Krugs Vertrag mit seiner Filmgesellschaft war so aufgesetzt, daß er jederzeit hätte entlassen werden können. Wenn man ihm eine Statistenrolle angeboten hätte oder ein paar Synchron-Takes und er hätte abgelehnt, dann hätte man ihn sofort wegen Arbeitsverweigerung entlassen können. Und dieser Augenblick wäre schneller als im Leben eines normalen Maschinenschlossers oder Bauarbeiters gekommen. Da kennt sich Manfred Krug selbst gut genug.

Eines Tages kommt ein bekannter Journalist zu Krug und sagt: »Ich finde es naiv, daß Sie nicht mit Reaktionen gerechnet haben. Sie kennen doch unser Leben und unseren Staat. Klar, daß die Leute zurückschlagen, wenn man ihnen derartig auf die Füße tritt.«

Aber woraus bestand denn dieser Tritt auf die Füße des Staates? Das war nichts anderes gewesen als die am 17. November 1976 von Künstlern wie Sarah Kirsch, Christa Wolf, Stefan Hermlin, Günther Kunert, Heiner Müller, Jurek Becker, Rolf Schneider mit der Waffe der Intellektuellen, also dem Wort, geführte Protestmaßnahme, der sich einen Tag danach andere, auch Manfred Krug, angeschlossen hatten. Ein Protest, in dem darum *gebeten* wurde, die beschlossene Ausbürgerung Biermanns noch einmal zu *überdenken.* Nicht mehr und nicht weniger.

Manfred Krug liest den Journalisten eine Rede vor, die er im Dezember 1976 führenden SED-Genossen zugemutet hatte. Eine Rede, die so beginnt:

»Ich bin zu jung, um an einer Front gegen den Faschismus gestanden zu haben. Deshalb kann ich mich nicht auf gute Taten in dieser Zeit berufen, um damit meinen Anspruch auf politisches Mitdenken und Andersdenken in unserem Land zu legitimieren. Aber ich bin als Kind in den Jahren der Gründung dieser Republik nach hier gekommen, habe hier die Schule besucht, bin hier in die Lehre gegangen, habe im Stahlwerk als Schmelzer gearbeitet, als dort erst ein paar Öfen standen. Bis zum Bau der Mauer konnte ich täglich beweisen, daß ich in diesem Land leben und arbeiten will, und bis dahin lebte ich sehr schlecht. Jetzt kann ich es nur noch sagen und darauf vertrauen, daß man mir es glaubt denn jetzt lebe ich sehr gut.«

Und diese Rede endete mit den Worten: »Gebt Ruhe. Hört auf, Leute länger zu belästigen und zu demütigen. Schaut uns nicht länger an, wie die Schlangen Kaninchen ansehen, es ruiniert unsere Gesundheit. Stachelt keinen falschen Kampfgeist an, hört auf, Biermann-Wut zu produzieren, unter den Wütenden könnte ein neues Talent sein.«

Vielleicht war es diese Rede vor führenden Genossen, die Krug mehr in Mißkredit brachte als seine Unterschrift.

In den Apriltagen 1977 rückte die Familie Krug immer enger zusammen. Nie spielte Krug so viel mit den Kindern wie jetzt, lange nicht hatte er seine Frau so innig umarmt. Krug erinnert sich an eine Szene aus den Kindertagen: er hatte angekündigt, vom Zehnmeterbrett zu springen, oben stand er die längste halbe Stunde seines Lebens, dann stieg er die Treppe wieder hinunter, vorbei an kleinen Jungen, die lachend hinaufstiegen. Diesmal ist Krug entschlossen, zu springen.

Am 1. Mai flaggt er nicht. Stefan Heym kommt und rät ihm, nicht auszureisen. Er sagt, Krug könne zwar durch sein Weggehen den Ausharrenden letztendlich Vorteile bringen, es könnte Verbesserungen geben, Reisen, kleine Freiheiten, kürzere Wartezeiten auf Wohnungen oder Autos – aber falls Krug seinen Schritt als ein Opfer für die anderen sehe, so sei dieses Opfer überflüssig. Heym selbst bleibt.

Am Kampftag der Arbeiterklasse durchstreift Krug Ostberlin mit seiner Familie. Er sieht am Alexanderplatz die Schlangen vor den Tischen, an denen Dichter sitzen, lesen, Autogramme geben. Er hat seinen Fotoapparat bei sich. In sein Tagebuch schreibt er: »Ich fotografiere unauffällig die Dichtergesichter. Das greise, schöne, weise Gesicht von Anna Seghers, das schlaue von Kant, das pfiffige von Kalau, das gütige von de Breuyn, das kluge von Heym, das falsche von der Steineckert, das traurige von der Wolf und das zugewachsene von Jurek Becker, der in einer Ecke, sozusagen schwarz (Becker war zu dieser Zeit bereits aus dem Schriftstellerverband der DDR ausgeschlossen, B.S.), Autogramme gibt.«

Am 2. Mai meldet sich der Kulturminister bei Krug. Er hat ihn noch nie angerufen. Jetzt ruft er an, um sich mit ihm zu treffen. Einen Tag vor seinem Termin beim Rat des Stadtbezirks, dem entscheidenden Termin, geht Krug ins Ministerium. Punkt neun Uhr steht er im Büro des Ministers.

Eine Sitzecke, ein Schreibtisch, ein Regal mit vielen Büchern, an der Wand ein dunkel gerahmter Niederländer. Der Kulturminister ist ein Riese, in seinem fleischigen Gesicht sitzen zwei Bärenaugen. Krug zieht seine Jacke aus, wie jemand, der zeigen will, daß er ohne Waffen kommt.

Der Minister sagt: »Recht so, reden wir in Hemdsärmeln.« Er selbst krempelt sich die Ärmel hoch und beginnt: »Wollen wir den Krieg beenden?«

Manfred Krug ist es klar: dies ist das entscheidende Gespräch. Zeitweise ist er den Tränen nahe, aber er bleibt bei der Sache. Er kennt den Auftrag seines Gegenübers – der soll um jeden Preis den Skandal verhindern, daß Krug geht. Der Minister droht nicht, er erpreßt nicht, er holt Vorschläge hervor, er erniedrigt sich. Jedes Angebot, das er macht, schlägt Krug ins Gesicht. Er arbeitet volle drei Stunden mit ihm.

Als sie sich verabschieden, steht der Kulturminister dicht vor Krug: »Werden Sie mich in jedem Fall anrufen?« Krug antwortet: »Nur, wenn ich es mir anders überlegen sollte.«

Dann stürzt er durch das Vorzimmer hinaus, bleibt auf dem langen Gang bis zur Treppe allein und heult.

Nach diesem Gespräch wird das Treffen mit dem Leiter für Innere Angelegenheiten im Pankower Rathaus abgesagt. Der Nervenkrieg geht weiter.

Am Montag, dem 9. Mai 1977, spricht Krug beim ZK der SED vor. Er beschreibt dieses Treffen so:

»An der Ecke des ZK-Gebäudes ist die Anmeldung. Zwei adrette Herren in Zivil füllen mit äußerster Sorgfalt die Passierscheine aus, sie vertiefen sich in den Personalausweis, sie erreichen schließlich ein gewisses Stadium von Versunkenheit. ›Haben Sie eine Tasche bei sich?‹, fragt der eine. ›Nein‹. Dann geht man im Freien um die Ecke und erreicht das Portal, wo ein Uniformierter Zettel und Ausweis noch einmal vergleicht. Die Halle ist kahl und gewaltig, düsterer Marmor an den Wänden, links der Fahrstuhl, in der Mitte eine die ganze Fläche einnehmende Treppe, die zu einer Reihe mit Eloxal gerahmter Fenster führt, rechts der lautlose Paternoster. Große Büsten von Marx und Engels sind der einzige Schmuck. Ich fahre in den zweiten Stock, wo ein Wachhabender letztmalig kontrolliert. In den endlosen Gängen mache ich mich auf die Suche nach Zimmer 2309.

Ich vermisse die Kaffeewolken und die falsche Geschäftigkeit, die man sonst auf solchen Fluren findet. Es fehlen auch die martialischen Posten, mit ihrer gespreizten Standfestigkeit, woraus ich schließe, daß es sich bei meinem ersten Besuch um einen besonderen Trupp handelte, angefordert für eine besondere, nämlich konterrevolutionäre Situation.

Schon die vier harten Schläge, die ich mit dem Knöchel an die Tür haue, sollen etwas von meiner Entschlossenheit zeigen. Dann stehe ich dem leitenden Genossen, der mir die Hand gibt.«

Ein langer Dialog beginnt. Über den Ausreiseantrag, die Reaktionen darauf, die Repressalien. Krug muß erleben, wie die Staatsmacht Unkenntnis über seinen Antrag vortäuscht und naive Angebote macht. Er hat das Gefühl, in der erbärmlichsten Show zu sein, die er je erlebt hat.

Krug sagt: »Ich bin fertig mit alledem, ich bin ein anderer als vor einem halben Jahr. Ich will weg.«

Der Funktionär spricht beschwörend. »Was willst du denn drüben! Willst du den Kameras der Springerleute ein Ziel bieten? Dich in diese haarsträubenden Fernsehinterviews einlassen? Glaubst Du auch nur im Traum daran, daß du dich diesem Propagandarummel entziehen kannst?«

»Das ist eine Besorgnis«, antwortet Manfred Krug, »die ich voll und ganz verstehe. Ich will nach besten Kräften dabei helfen, jeden Wirbel zu vermeiden. Von mir aus kann es ein anderes Land sein. Ich will weniger irgendwo hin als vielmehr irgendwo weg. Laß mich nach Alaska oder irgendwo anders hingehen, ich werde solange untertauchen und stillhalten, bis die Staubwolken sich verzogen haben.«

Der Funktionär: »Du gehörst in die sozialistische Welt. Dein Vater hat das Stahlwerk Brandenburg aufgebaut. Was sagt denn der dazu?«

Krug: »Mein Vater hat immer im Leben zu mir gehalten.

Auch wenn er meinen Schritt politisch nicht billigen würde, er würde mich verstehen, weil er mein Vater ist.«

Sie kommen nicht weiter. Krug fragt sich, wann die Situation umkippen wird, wann es ihm an den Kragen gehen könnte. An welchem Tag sein Tagebuch abbrechen wird, weil man ihm einen »Urlaubsplatz« in Rummelsburg oder Bautzen besorgt.

Manfred Krug befürchtet, langsam durchzudrehen. Er schläft keine Nacht mehr vor drei ein und wacht immer öfter vor sieben auf. Sein Herzschlag geht unregelmäßig. Angstschweiß steht manchmal auf seiner Stirn. Er beschließt, mit dem Rauchen aufzuhören.

Für ihn sind Gespräche dieser Art der reine Sadismus. Es fällt ihm schwer, im freundschaftlichen Ton auf einer Forderung zu beharren, die sein Gesprächspartner als Feindseligkeit ansieht. Es tut ihm weh, den anderen freundlich sagen zu hören, was doch eigentlich knallhart ist, nämlich daß er ihn nicht gehen lassen wird. Für Krug ist das eine Verhaftung.

Am Freitag, dem Dreizehnten, liegen drei Telegramme mit Arbeitsangeboten auf Krugs Schreibtisch. Eins von der Konzert- und Gastspieldirektion Leipzig. Text: »Anbieten Konzert 30. Mai oder 27. Juni, Kongresshalle Leipzig.« Eins von der Konzert- und Gastspieldirektion Karl-Marx-Stadt: »Anbieten drei Konzerte mit Günther Fischer-Quintett vom 27. 5. 77 – 29. 5. 77.« Und schließlich eins vom VEB »Deutsche Schallplatten«: »Ich bitte um ein Gespräch über weitere Aufnahmeprojekte mit Ihnen.«

Der Abschied. Manfred Krug kurz vor der Ausreise, auf einem der letzten Photos in der DDR

Am 18. Mai sieht sich Krug zusammen mit den anderen Beteiligten ihren Film »Das Versteck« an. Die Hauptverwaltung Film des Kulturministeriums hat eine Privatvorstellung organisiert. Ein unpolitischer Film mit einer spannenden, rührenden, interessanten Geschichte. Nicht das Geringste an diesem Film ist DDR-typisch, nichts von der immer geforderten Unverwechselbarkeit. Da sind einfach zwei Leute, die es noch einmal miteinander versuchen wollen, und es geht nicht. Jetzt liegt dieser schöne Film auf Eis.

»Dieser Film und diese Freunde, das ist die DDR, die zu verlassen mir Tränen in die Augen treibt. In der Sonne zwinkernd stehen wir danach auf der Straße, keiner will gehen. Wir beschließen, irgendwo um die Ecke, oder im ›Lindenhotel‹, oder im ›International‹, oder auf der Terrasse des ›Expresso‹ eine Tasse Kaffee zu trinken. Aber der Gewerkschaftskongreß tobt in Berlin, überall sind die Tische eingedeckt, und die Kellner tun nichts lieber als warten. Nach zwei Stunden geben wir auf und zerstreuen uns in alle Winde dieser halben Stadt« (Krug).

Noch einmal wird Krug zum »Leiter für Innere Angelegenheiten« gebeten, doch das Gespräch führt auch diesmal nicht weiter. Am Ende sagt der Genosse: »Viele haben sich besonnen, viele sind zurückgekehrt. Tolstoj. Ehrenburg. Du kannst auch zurückkommen. Wenn du willst.«

Krug antwortet: »Wenn der Schritt zurück getan werden muß, werde ich nicht zu feige dazu sein.«

Der Schritt mußte nicht getan werden.

Die Ausreise

Am 20. Juni 1977 zieht Manfred Krug unter intensiver Anteilnahme der West-Presse mit Ehefrau Ottilie und den Kindern Daniel (geb. 1964), Josephine (geb. 1965) und Stephanie (geb. 1970) sowie mit seiner langjährigen Haushälterin Marie Engel und einer Antiquitäten- und Oldtimer-Sammlung nach Westberlin. In eine große, schöne Berliner Altbauwohnung in Schöneberg, die er zwar im Spätsommer 1989 wieder verläßt – aber nur in Richtung Charlottenburg.

Rückblickend erscheint Manfred Krug der Umzug in den Westen zwar aufwendig, aber doch ganz normal. Es gab drei Lastwagen, die voll waren mit dem Hausrat der Familie. Einer davon kam mit in das Auffanglager, die beiden anderen gingen zu Krugs Bruder, der in Westdeutschland lebte. Und dort, als Antiquitätenhändler bei Stuttgart, auch heute noch lebt.

Die ganz persönlichen Dinge befanden sich in einem PKW-Anhänger, der am Auto der Krugs angekoppelt war.

Da jeder staatlich genehmigte Umzug ein normaler Umzug ist, war auch Krugs ein solcher. Die Schwierigkeiten lagen in der Vergangenheit, nicht in der Gegenwart. Die Krugs hatten die ultimative Aufforderung der Behörden, binnen zehn Tagen das Land zu verlassen, erhalten, und das lange Warten mußte nun kurzfristiger Hektik weichen. Da Krug ein Sammler war, oft auch »von Zeug fragwürdigen Wertes«, wie er bekennt, war allerhand einzupacken. Zehn alte Schreibmaschinen, zwölf alte Telefone, die Oldtimer. Einiges bekam jedoch auch der staatliche Kunsthandel der DDR, denn es wäre gar nicht zu bezahlen gewesen, alles zu verladen.

In den zehn Tagen bis zur Ausreise saß der Zoll, drei Mann hoch, im Haus der Krugs. Lange Listen entstanden, auf

denen jeder Gegenstand einzeln aufnotiert wurde. Nachts bereitete die Familie vor, was einzupacken war, morgens um sieben Uhr kamen dann die Beamten, bauten ihre Schreibmaschinen auf und begannen mit ihrer pedantischen Inventur.

Nach dem tausendsten Buch ließen sie allerdings die Titel weg und zählten nur noch.

Aber auch das war schließlich geschafft.

In Westberlin stellte die Familie Krug einen Teil der Möbel in ein Speditionslager. Erste West-Erfahrung: sie wurden nach Strich und Faden beklaut. Nach sieben Monaten emsiger Suche fanden die Krugs endlich eine angemessen große Wohnung in der Martin-Luther-Straße und konnten die wichtigsten Dinge wieder um sich sammeln.

Manfred Krug war völlig klar, daß es in Westberlin genügend Mitarbeiter des Staatssicherheitsdienstes geben würde. Einige davon suchten die Freundschaft des ausgereisten DDR-Stars. Aber vielleicht reagierte er auch überreizt – nach den letzten Erfahrungen in seinem Land verständlich – wenn Fremde bei ihm auftauchten. Er mußte sich jedenfalls einiger dummer Ratschläge erwehren, hatte Notengeber und Urteilsverkünder in Sachen Umzug zu überstehen, mußte zusehen, wo seine wirklichen Freunde waren.

Eine Woche später schon tritt Krug in der Fernsehshow »Niemand liebt dich so wie ich« auf, ist Gast in der WDR-Talkshow von Reinhard Münchenhagen und kümmert sich intensiv, den Schmerz des Heimatverlustes durch Arbeitsaktivität bekämpfend, um Aufträge.

Die ersten Tage in Westberlin, noch mitten in Umzugskisten

Ein alter Bekannter, der bis zum Mauerbau in Ostberlin als Regisseur arbeitete, Gerd Klingenberg, bietet Krug sofort ein Engagement in Zürich an. Ein Vorschlag, ans Schiller-Theater zu gehen, folgt. Jürgen Flimm vom Düsseldorfer Schauspielhaus interessiert sich für Krug. Vereinzelte Fernsehangebote flattern ebenfalls ins Haus, die Krug aber ablehnt.

Das erste Angebot, das ihn wirklich interessiert, ist Peter F. Bringmanns »Paul kommt zurück«.

Manfred Krug macht im Westen Erfahrungen mit sehr hart produzierenden Sendern, die ihm Angebote vorlegen, deren finanzielle Bedingungen starr sind. Verhandlungen sind unmöglich. Wer die Angebote der Sender damals nicht akzeptierte, flog. Sicher wollten einige West-Produzenten dem kritischen »Zoni« gleich eine Lehre erteilen. Aber Krug ließ sich nicht beirren und nahm nur die Produktionen an, die seine Arbeitsleistung angemessen bezahlten. Da er nicht angestellt war, konnte er wählen.

Der Wechsel von Ost nach West schien gelungen. Offene Arme erwarteten Krug im Westen. Aber dennoch: hier stand ein Entwurzelter. Er hatte sein Publikum verloren. Und ein neues noch nicht endgültig gewonnen.

Rückblickend kann Krug jedoch beim besten Willen kein Heimweh in seiner Seele finden. Auf die Frage, ab wann er sich im Westen heimisch gefühlt habe, antwortet er gern: »Seit der Währungsreform von 1948«. In diesem Jahr war Manfred Krug nämlich mit seiner Oma im Westen beim Geldumtausch und bekam für zwei Pfennig einen »Nappo«-Block geschenkt und ein Sahnebonbon für einen Pfennig. Das nahm ihn gleich für die Westzone ein. Krug fühlte sich also in der Bundesrepublik schon wohl, als es sie noch gar nicht gab (sie wurde erst ein Jahr später aus den drei Westzonen gegründet).

Also Heimweh? Buchstäblich nichts davon! »Daß ich auf

dem Bürgersteig nicht parken darf«, sagt Manfred Krug vehement und augenzwinkernd zugleich, «daß ich im Parkverbot nicht halten darf, daß ich, wenn ein Scheinwerfer meines Autos nicht funktioniert, gleich maßgenommen werde, ebenso, wenn ich einen weißen Strich überfahre, dieser ganztägige Frust und Schiß davor, dauernd die Grenzen zu überschreiten und dafür getadelt zu werden – das finde ich im Westen nicht und drüben bis zum Erbrechen. Ich habe also einen riesigen Unterschied im alltäglichen Leben gefunden zwischen der DDR und der BRD, einen Unterschied, der so groß ist wie der zwischen der BRD und Nordamerika, wo es noch weniger Bevormundung gibt und noch weniger das Gefühl, dauernd die Gesetze zu übertreten. Heimweh nach der DDR kann also höchstens heißen:

Schon ein kleines bißchen im Westen eingerichtet, Krug mit seiner Frau Ottilie, Frühjahr 1978

Heimweh nach zwei, drei Freunden, die andern sind ja inzwischen alle hier. Wie sollte ich Heimweh nach der DDR haben? Dort ist es mir zwar gutgegangen, aber die Partei glaubte immer, sie hätte mir das zugesteckt. Dabei ist doch jeder Schauspieler ein Unternehmer seiner selbst. Heimat ist für mich da, wo man mich gewähren läßt und wo man mich für meine Arbeit adäquat entlohnt, so daß ich menschenwürdig existieren kann.

Heimat ist für mich weiter dort, wo man mir gestattet zu wählen, ob es meine Heimat bleiben soll oder nicht. Ich habe kein Heimweh. Ich fühle mich hingezogen nach einer großen, anonymen Stadt, zu generösen Leuten, die mir nicht auf den Teller gucken und die nicht allzu moralinsauer auftreten. Und da ist mir der Berliner, insbesondere der Westberliner, als Nachbar gerade recht. Der ist direkt, geradezu, nicht allzu religiös, genügend ordentlich, aber auch nicht übertrieben ordentlich, freundlich, aber nicht devot, handfest und ausreichend zuverlässig. Das sind Eigenschaften, die ich hier und heute in Westberlin finde und nicht in der Welt meiner Kindheit und Jugend. Heimweh? Nein!«

Der Schauspieler fühlte sich also nach seinem Weggang aus der DDR in seiner neuen Heimat gleich zu Hause.

Karriere im Westen

Ganz neu mußte Manfred Krug auch nicht anfangen. Immerhin hatte er seinen LKW-Führerschein dabei. Und so konnte der DDR-Star, der »drüben« in Road-Movies wie »Weite Straßen – Stille Liebe« oder »Wie füttert man einen Esel« überzeugend am Brummi-Lenkrad gedreht hatte, auch im Westen einen Dreißigtonner besteigen – fürs Fernsehen. »Auf Achse« nahm seinen Anfang. Eine zunächst auf 13 Folgen projektierte Vorabend-Serie, in der Krug den Trucker Franz Meersdonk spielt, der mit raunzendem Charme und Durchsetzungswillen durch Europa, Asien und Afrika düst.

Der Wechsel in die Führerkanzel eines Brummi für eine TV-Serie fiel Krug auch deshalb nicht schwer, weil er über das Medium Film/Fernsehen stets nur Unterhaltung vermitteln wollte. Und Unterhaltung im besten Sinne ist schließlich ja Belehrung genug, nämlich darüber, daß das Leben nur dann einen Sinn hat, wenn es freudig gelebt wird. Weil es dann Menschen hervorbringt, die Freude am Lebendigen und nicht an der Zerstörung haben.

Ganze, glaubwürdige Menschen: ja – aber keine Propheten. Das war und blieb Krugs Programm auch für den Westen.

Der Franz Meersdonk erweist sich darüber hinaus bei genauerem Hinsehen auch als durchaus komplexe Figur, über die sehr viel Alltagsrealität vermittelt werden kann.

Die Serie bot Krug die Möglichkeit, »den Leuten hier so häufig hintereinander meine Fresse zu zeigen, daß sie vielleicht sagen: ›Ach, den kann man sich ja wirklich angucken.‹«

Die Reisen in ferne Länder boten für den Ex-»Zoni« Krug auch eine langersehnte Möglichkeit, das Trauma von der Staatsgrenze der DDR zu vergessen. Er freute sich auf Türken, Senegalesen und Pakistani und hakte die DDR ab, je weiter er mit seinem Brummi in die Welt hinaus fuhr. Eine DDR eben, in der ihm der Staatsratsvorsitzende Walter Ulbricht 1968 den Nationalpreis 1. Klasse mit den Worten überreicht hatte: »Nu Genosse, äh, Herr Krug, Sie haben jetzt Ihren Weg gefunden, ja?«

Wege, die an der Grenze enden, findet man nicht, man wird von ihnen gefunden. Daran mag Manfred Krug gedacht haben, als er in den ersten Drehtagen zu »Auf Achse« in den Laster stieg und Richtung Spanien Gas gab.

Am Anfang seiner Zeit im Westen konnte Krug sich durchaus vorstellen, auch Szenen in Filmen zu spielen, mit denen er sich nicht identifizierte. Er konnte sich vorstellen, politische Gegner zu spielen, so wie er in der DDR auch SA-Männer gespielt hatte. Der Knackpunkt ist und bleibt für ihn, daß die

Die erste Filmarbeit im Westen, mit Tilo Prückner in Peter F. Bringmanns „Paul kommt zurück"

Rolle ihm Möglichkeiten bietet, seine eigene Sicht der Dinge auszudrücken.

Krug wollte auch im Westen niemand sein, der als Darsteller beliebige Aufträge herunterzuspielen hat. Hinter seine Einsichten als kritischer Sozialist, der er bleibt und ist, geht er nicht zurück. In »irgendeinem fiesen Kalten-Kriegs-Chor gegen die DDR singe ich jedenfalls nicht mit«, machte er schon gleich nach seiner Ankunft im Land der »Bild«-Zeitung und der Vertriebenenverbände deutlich.

Und hinter seine Erfahrungen als Schauspieler, der die humanistische und demokratische Tradition deutscher Kunst kennt, kann er schon gar nicht zurück. Deshalb hatte er zu Beginn seines Auftritts im Westen zugegebenermaßen »Bammel« vor korrupten Angeboten.

Aber es hat diese nicht gegeben. Ebensowenig wie es Versuche gab, ihn vor den Karren reaktionärer, antikommunistischer Tendenzen zu spannen. »Manne« hätte dazu stets ein kräftiges: Nein danke! gesagt.

Manfred Krug präsentierte sich im Westen als Schauspieler, nicht als Drehbuchautor oder Regisseur, obgleich er in der DDR in einer Weise an Filmen mitgearbeitet hatte, die ohne Übertreibung als Co-Autorenschaft zu bezeichnen ist. Auch in »Auf Achse« begann er sofort, an Szenen und Dialogen zu feilen.

Das ging bis zur Struktur einer ganzen Folge. Der Produzent der Serie lobte ihn denn auch als »großes dramaturgisches Talent«. Aber für Krug, den denkenden Schauspieler aus sozialistischer Tradition, war die aktive Mitarbeit ein einfacher Akt der Kollegialität.

Folgende Doppelseite: Mit Toupet und Kamera am Drehort von Max Willutzkis „Faust in der Tasche"

An diesem Selbstverständnis wird auch ein kleiner Unterschied zwischen Ost und West sichtbar.

Es freute Krug, daß seine beiden letzten DDR-Filme »Feuer unter Deck« und »Das Versteck«, die nach seiner Ausreise aus dem Angebot verschwanden, nun doch in seinem Ex-Heimatland zur Vorführung kamen. Er sah darin ein Stück Normalisierung einer Beziehung, die für ihn unerträglich geworden war.

Obgleich der Ausschlag für seine Hauptrolle in »Auf Achse« anfänglich die Tatsache gewesen war, daß die Produktionsfirma die notwendige Ausbildung eines bis dahin vorgesehenen anderen Stars zum LKW-Piloten nicht mehr finanzieren wollte, erwies sich Krugs Engagement als Glücksstreffer. Der Star schlug ein, die Serie auch. Von da an waren Filmangebote keine Mangelware mehr.

In dem von Peter F. Bringmann inszenierten Film »Paul kommt zurück« (1978) trat Krug erneut vor die TV-Kamera. Er spielte hier einen Kleinganoven mit einem Hang zum bürgerlichen Dasein, das ihm von Großganoven verwehrt wird. Und als katholischer Laienpriester sah man ihn noch im gleichen Jahr in Max Willutzkis Kinofilm »Die Faust in der Tasche«.

Im Jahr 1979 kam auch das Fernsehen auf den Sänger, Musiker und Entertainer Krug zurück. Regisseur Rolf von Sydow präsentierte ein Porträt mit dem Titel: »Life: Manfred Krug«, in dem ein vor Jazz-Feeling aus allen Nähten platzender Sänger seine Phrasierungskünste mit nahezu instrumentaler Konsequenz vorführen konnte. Mit eigenen Texten und zur Musik von Peter Herbolzheimer meldete sich hier ein Sänger zu Wort, der in der Lage war, hochgejubelten Schlagersternen das Licht auszupusten.

Ob allerdings daraus eine auch in der BRD tragfähige Musiker-Karriere werden würde, beurteilten die hartgesottenen

Daß Manfred Krug auch als Actionheld seinen Mann steht, beweisen die folgenden Bilder

Profis aus der Branche eher skeptisch. Montana-Chef Beierlein: »Jazzsänger haben wir hier im Original, und sein wichtigster Vorsprung, als einziger in der DDR englisch singen zu dürfen, hat hier auch kein Gewicht mehr.«

Der Mann hätte einen neuen Satz Ohren nötig.

Manfred Krug hatte etwas anderes nötig: ein Bankkonto im Westen. Denn er brachte, wie er in einem Interview mit der »Zeit« verriet, kein Vermögen mit über die Mauer. Krug: »Stargagen in der DDR sind wesentlich geringer als hier. Dort gibt es keine Schauspieler im Elend, aber auch keine sehr reichen. Hier, das weiß ich, ist es umgekehrt. An Schallplattenauflagen ist in der DDR üblicherweise kein Künstler beteiligt – ich war es sogar, aber geringfügig: bei der DEFA hatte ich ein Monatsfixum von 3 000 DM brutto.

Als Friedensstifter in Aktion (" Faust in der Tasche")

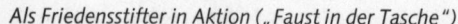

Ich habe gut gelebt, ein großes und sehr gastliches Haus geführt, mehr nicht. Und alle Möbel, zwei Autos und ein paar in Kisten verpackte Oldtimer, die ich gesammelt habe, durfte ich mitnehmen. Aber das mit den Millionen, gar auf dem Schweizer Konto, ist alles Humbug.«

Wegen solcher Gerüchte – er mache in der DDR auf Sozialist und besäße doch ein sehr dickes Schweizer Konto – hatte Krug sogar einmal einen Funktionär in einem Erfurter Hotel mit Fausthieben traktiert. Das hätte ihm leicht eine Gefängnisstrafe wegen Körperverletzung einbringen können. Aber wie Krug heute sagt, gehörte es in der DDR geradezu zur Pflicht, mit solchen Reaktionen seinen politischen Ruf zu retten.

Jahr für Jahr drehte Manfred Krug nun im Westen seine Filme; einzelne, z. B. »Ein Mann fürs Leben« (1980) oder »Flächenbrand« (1981), oder ganze Serien, z. B. »Das Traumschiff« (1981), »Die Fischer von Moorhövd« (14 Folgen, 1981/82), »Konsul Möllers Erben« (7 Folgen, 1983), »Ein Heim für Tiere« (10 Folgen, 1984). Im Jahr 1984 gab er dann im NDR sein »TATORT«-Debüt als Kommissar Paul Stoever.

»Haie vor Helgoland« hieß die erste Folge, in der der menschenfreundliche, coole Kommissar in Hamburg ermittelte. Noch keine tragende Rolle, denn die Figur mußte erst ausreifen. Aber bereits im zweiten TV-Krimi mit dem Titel: »Gelegenheit macht Diebe«, im gleichen Jahr, gab es für Stoever mehr zu tun, der sich nun den Pistolenhalfter schon ganz routiniert umschnallte. Das Fernsehteam hielt auch hier große Stücke auf Krug. Drehbuchautor Peter Hemmer: »Ein glänzender Schauspieler. Der hat viel zu bieten. Das ist einer, der nicht nur auf sich selbst sieht, sondern auf den ganzen Film.«

Eines schönen Abends im Jahr 1985 saß Manfred Krug in

Allein gegen den Schachcomputer

»Auf Achse« in Chile

Regiegespräch in der Wüste mit Werner Marten

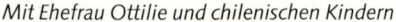

In Valparaiso mit den Darstellern Roberta Manfredi und Franz Buchrieser

Mit Ehefrau Ottilie und chilenischen Kindern

einer Westberliner Kneipe und trank seine Leib-und-Magen-Pfütze Bier. An einem der Nebentische machte sich ein schon leicht beschwipster Intendant des Senders Freies Berlin bemerkbar. »Herr Krug«, sagte Lothar Loewe, »ich hab' hier einen Sender, und Sie sind ein beliebter Darsteller. Warum machen Sie nicht mal etwas für uns hier in Berlin?«

Daß der Sender Freies Berlin Herrn Loewe gehörte, glaubte Krug nicht, aber daß er gern in Westberlin vor die Kamera treten wollte, das wußte er. »Na klar!« rief er über die Tische hinweg, »das machen wir bald«.

Gesagt, getan. Krug rief Otto Meissner, den Produzenten der Nova-Film, an und kurz danach seinen Freund, den Schriftsteller Jurek Becker. Man setzte sich zusammen – und »Liebling Kreuzberg« wurde geboren.

Nach vielen Diskussionen, viel Feinarbeit und etlichen Konzepten begann 1985 der Dreh für die TV-Serie, die zunächst auf 6 Folgen geplant wurde. Die Teile hießen »Der neue Mann«, »Ein dringender Fall«, »Der Beschützer«, »Doppeleinsatz«, »Kleine Fische«, »Der Retter«. Regie führte Heinz Schirk.

Ende Februar 1988 lief dann die zweite Staffel an, dreizehn neue Folgen der nun beliebtesten Serie der deutschen Fernsehnation. Bis zu 47 % Einschaltquoten hatten die Storys um den Berliner Rechtsanwalt Robert Liebling erreicht, und Manfred Krug war neben Becker und Schirk dafür mit dem »Adolf Grimme Preis« in Gold ausgezeichnet worden (1986).

Manfred Krug ließ sich zwischendurch auch mal überreden, eine Theatertournee zu machen. »Der zerbrochene Krug« von Kleist, ein bißchen, weil's vom Namen her gut paßte und vor allem, weil den Schauspieler fast alles mit dem Dorfrichter Adam verbindet – jedenfalls rein äußerlich. Die Tournee, 1985 gestartet, wurde immer wieder aufgenommen. Und

Mitten in einer Hörspielproduktion

auch 1990 wird man Krug in dieser Rolle noch bewundern können.

Aber am sympathischsten sind ihm inzwischen die Fernsehserien geworden, die er gut und gerne noch bis ins Rentenalter spielen könnte. Er mag die Vorstellung, »so eine Art ständiger Gast, ständiger Begleiter in deutschen Wohnzimmern« geworden zu sein. Vor allem mit diesem Robert Liebling, einem Typ, »dem man ansieht, daß er nicht mit einem Frack auf die Welt gekommen ist«. Ein Typ, den es in der Filmgeschichte so ähnlich schon vorher gab. Einen »kompakten, simplen, proletarischen Typ wie Jean Gabin, Raf Vallone, Spencer Tracy« (Krug).

Nach all den Helden der östlichen nun solche Helden der westlichen Welt zu spielen, das ist Manfred Krugs Interesse.

Ein internationaler Filmstar zu werden, dahin geht seine Sehnsucht nicht. Er ist mit dem Erreichten zufrieden. Und sein Publikum in Ost wie in West sicher auch.

Krug lebt heute mit seiner Familie in einer großen, schönen Berliner Altbauwohnung im bürgerlichen Charlottenburg. Dort, in der Rankestraße, hat er Platz für seine Antiquitäten, die er vor allem in der DDR, bis etwa 1975, gesammelt hat. Heute fehlt ihm dafür die Zeit.

Kelims, Möbel – z. B. 300 Jahre alte Holztische aus der Rhön, sogenannte »Rhönböcke« – Tischuhren, Skulpturen, Spielautomaten, Bierkrüge: Sammler Krug interessiert sich grundsätzlich für einfach »alles«. Glanzstück seiner Sammlung ist ein Edison-Phonograph mit Riesentrichter, um die Jahrhundertwende gebaut.

Mit dem Komponisten Ingfried Hoffmann während Dreharbeiten zur „Sesamstraße" (1983)

Bücher über Bücher zählt Krug ebenfalls zu seinen Lieblingsobjekten. Von Daniel Defoe, Jack London, Jules Verne und Dumas besitzt er jede Zeile, ebenso von Tucholsky, Heine und Kästner. So hütet der aus der DDR »rausgeekelte« Star auf seine Weise die Klassiker, die von der DDR-Kulturpolitik gern für den Sozialismus zwischen Wismar und Gerstungen in Anspruch genommen werden.

Manfred Krug ist heute im Westen ein hart arbeitender Schauspieler, der selbst bekennt, doppelt so viel zu tun wie früher in der DDR.

Die Verlockungen des Privatlebens sind reichhaltig. Er lebt gediegen, besitzt eine reizende Familie, lebt glücklich mit seiner Frau Ottilie. Gleichwohl fehlt ihm die Zeit, diese

Dreharbeiten zur TV-Serie „Konsul Möllers Erben", im Hintergrund zufällig das Schiff „Cap Anamur"

Krug beim Fachsimpeln mit dem Kollegen Curt Bois (1984)

Freuden ausgiebig zu genießen. Krug selbst bemißt den Anteil des Privatmenschen an seiner Existenz auf wenige Prozente. Eigentlich, meint er, sei er nur während des Schlafens Privatmann. Nach dem Aufwachen sei er sofort Schauspieler, also an der Arbeit.

Aber: Selbst bei einem Mann wie Krug, der in fast allen wachen Stunden arbeitet, ist es frappierend zu sehen, wie er bei Dreharbeiten aus der einen Rolle in die andere schlüpft. Oder genauer: wie er die Nuancen verschiebt, private Anteile zugunsten beruflicher und umgekehrt.

In kurzen Drehpausen entspannt er sich, mit seinem Alltagsduktus und -gestus und ist dann noch in der letzten Sekunde, bevor die Kamera anläuft, ganz Manfred Krug. Ist jedoch die Klappe gefallen, tritt sofort Franz Meersdonk, Paul Stoever, Robert Liebling ins Scheinwerferlicht.

Mit marokkanischer Katze in Marrakesch, während einer Drehpause zur TV-Serie „Traumschiff"

Die Grenzen fließen. Etwas von Robert Liebling ist immer in Manfred Krug, so wie etwas von Krug in Meersdonk, Stoever und Liebling ist. Der Schauspieler probiert ständig Haltungen, Worte, Ideen, Gesten aus, auch wenn er keinen Rollentext zu sprechen hat. Und umgekehrt fällt ihm vor der Kamera plötzlich eine private Angewohnheit ein, die er in die Rolle einbaut.

Dafür gibt es nur einen Ausdruck: Professionalität. Sie macht Krug bei seinen Kollegen so beliebt. Und seine Popularität bei den Zuschauern dürfte damit ebenfalls zu erklären sein.

Auftritt von Tatort-Kommissar Paul Stoever

Denn der Erfolg Krugs hat nicht nur damit zu tun, daß er einfach ein dufter Kerl ist, dem man seine Rollen glaubt. Sie hat nicht nur mit seiner äußeren Erscheinung zu tun. Sie hat auch nicht nur mit seinem Lebensweg zu tun, der gleichwohl für viele als exemplarisch gilt.

Es kommt noch etwas Entscheidendes hinzu: seine Ernsthaftigkeit bei der Arbeit. Sie entspricht seinem Charakter und durchdringt seine Darstellung. Es geht ihm immer zuerst um die Sache, den Film, die verschworene Gemeinschaft. Erst danach geht es ihm um sich selbst.

Einen solchen Mann im Film und Fernsehen in der Bundesrepublik zu haben, ist ein Glücksfall. Er erklärt sich aus der proletarischen Vergangenheit Krugs in der DDR. Dort hat er gelernt, im Kollektiv bzw. im Team zu denken und zu handeln. Starallüren sind ihm deshalb fremd.

Krug liebt Zuverlässigkeit, Präzision, Arbeitsvorgänge, auf die man stolz sein kann. Auch privat ist er da, wenn er gebraucht wird. Der 1 Meter 89 große und zwei Zentner schwere Mann ist unübersehbar eine bundesrepublikanische Größe – als Schauspieler und als Mensch. Wer je mit ihm zu tun hatte, wird das bestätigen.

Selbst wenn Manfred Krug auf der Mattscheibe oder Kinoleinwand zu uns kommt, ist davon noch alles zu spüren.

Als Dorfrichter Adam in Kleists „Der zerbrochene Krug" auf Tournee

ROLLEN

Manfred Krug hat seinem Publikum in über 30 Jahren viele große Rollen geschenkt. Allein in der DDR trat er in 40 Spiel- und 19 Fernsehfilmen auf, die Specials, Shows, Dokumentationen und Serienepisoden nicht mitgerechnet.

Er spielte u. a. den Martin Hoff in »Auf der Sonnenseite«, den Willi Heyer in »Wege übers Land«, den Sporting Life in »Porgy und Bess» – unvergeßliche Rollen für ein dankbares DDR-Publikum.

In der Bundesrepublik konnte man ihn bisher nur einmal im Kino, dafür aber mehr als zehnmal in Fernsehfilmen sehen. Auch hier sind die Serienproduktionen nicht mitgerechnet.

Serien machen jedoch seine gegenwärtige Popularität bei uns aus. Es sind Gestalten wie der Franz Meersdonk in »Auf Achse«, der Robert Liebling in »Liebling Kreuzberg«, der Paul Stoever in den »Tatort«-Krimis, denen Krug zu verdanken hat, daß er zu einem der beliebtesten Darsteller in der bundesdeutschen Medienlandschaft geworden ist.

Im folgenden Kapitel werden deshalb die genannten drei Rollenfiguren zum Anlaß genommen, einmal zu beschreiben, wie Manfred Krug spielt. Diese Rollen und wie Krug sie interpretiert, belegen, warum der Star auf der TV-Mattscheibe eine so außerordentliche Präsenz entwickelt. Seine schauspielerischen Mittel und Manierismen werden deutlich. Sie belegen gleichzeitig die außerordentliche Professionalität Manfred Krugs.

Franz Meersdonk in »Auf Achse«

Terminfracht in aller Herren Länder. Mit 320 PS sind Franz Meersdonk und Günther Willers unterwegs. Die Straße staubt. Auf Manfred Krug ist immer Verlaß, auch und vor allem, wenn er am Steuer eines Brummi sitzt. Als der DDR-Star 1977 in den Westen kam, hatte er zunächst einmal nicht viel mehr als einen LKW-Führerschein in der Tasche. Wenn in der neuen Umgebung – auf einem neuen Markt – Existenzsorgen entstanden wären, hätte Krug also immer noch auf einen Laster umsteigen können. Für einen Schauspieler nicht die geeignete Bühne, aber immerhin.

Und siehe da: der neue Job saß wie angegossen. Der Trucker und der Schauspieler gingen eine Synthese ein, und die erste TV-Serie war perfekt. Von 1977 bis 1979 liefen die ersten 13 Folgen im Vorabendprogramm der ARD und machten das hiesige Publikum, sofern es den DDR-Star noch nicht kannte, mit einem neuen Gesicht bekannt. Verschwitzt sah es aus unter der Trucker-Kappe. Und sympathisch.

Daß die Fahrt während der Dreharbeiten weit nach Süden ging, war natürlich dem Ex-»Zoni« Krug sehr recht. Er hatte sich schon lange einmal gewünscht, den westlichen Süden zu sehen – Schwarzmeerküste hin oder her, Sotschi ist nicht das Mittelmeer. Und die Trucks rollten sogar noch weiter, bis nach Afrika. Mitten hinein in die Sahara.

Dort sitzt er nun hinter dem Steuer. In Jeans, mit einem hellen Campinghemd, der obligatorischen Kappe und Mokassins. Arme und Gesicht braungebrannt. In der Fahrpause ißt er Ravioli aus der Dose und klopft danach auf dem Blechtopf einen Rhythmus, der die Eingeborenen im Grenzgebiet von Niger, Nigeria und Tschad herbeilockt. Sein Kumpel Günther alias Rüdiger Kirschstein tanzt dazu. So wird aus dem fremden Land schnell eine Art Zuhause.

Überhaupt schafft es Manfred Krug schnell, einen Hauch von Deutschland um sich zu verbreiten. Das liegt an der kumpelhaften Freundlichkeit, mit der er seinen Franz Meersdonk ausstattet. Der versteht zwar kaum mehr als seine Heimatsprache, aber die Gesten der Freundlichkeit und Umgänglichkeit sind international.

Er spielt die Figur in der Tradition des proletarischen Helden, der sich zunächst einmal um seine Lebensmittel kümmert und erst dann Bewußtsein entwickelt. Eine realistische Haltung. Und überlebensnotwendig für einen Trucker, der das Geschäft eines Schwerstarbeiters verrichtet.

Proletarisch wirkt Krug auch wegen seiner schwerfälligen Bewegungen, die aber aus einem durchaus trainierten Körper kommen. Seine Gesten sind muskulös. Er doziert nicht, er deutet. Worauf er deutet, das hat er fast schon in der zupackenden Hand. In »Auf Achse« ist Handeln gefragt. Harte Männlichkeit. Und Manfred Krug ist ganz der Darsteller, der seiner Figur Franz Meersdonk einen Schuß aggressiver Härte verleihen kann.

Er ist außerdem der Mann, der weiß, was er will.

Durchsetzungsvermögen kann man ihm nicht absprechen. Schon beim Anblick seiner kräftigen Gestalt wird das jedem klar. Wer ihn aufhalten will, der landet auf dem Hosenboden.

Zum LKW-Fahren bleibt genaugenommen in »Auf Achse« die wenigste Zeit. Andere Beschäftigungen warten. Und die sind weitaus gefährlicher. Wahnsinnige Militaristen, Giftschlangen, Einsatzkommandos, Söldner müssen bekämpft werden, bevor der Truck wieder freie Fahrt hat. Der Kampf um die lukrative Ladung steht vornan. Und habgierige Fuhrunternehmer machen es Franz Meersdonk und Günther Willers schwer. Die Trucker dieser TV-Serie sind zuallererst Abenteurer, dann erst Lastwagen-Piloten. Und daß Manfred

Krug diesen Teil seiner darstellerischen Tugenden aus der DDR herübergerettet hat, ist wirklich ein Glück für sein Publikum. Denn handfeste Helden dieses Kalibers sind in seiner Branche, die von Boulevardmimen wimmelt, selten.

Franz Meersdonk paart die Fähigkeit zum Handeln mit Besonnenheit. Er weiß genau, wann ein LKW-Fahrer im Ausland auch mal Pause machen muß. Wann er sich mit seinen Gegnern verständigen muß. Wann das Reden im Vordergrund steht. Umso mehr Zeit gewinnt er für den nächsten Einsatzplan.

Auch auf den Heimatautobahnen kennt er keine Probleme. Wieder zu Hause, fährt er nur um so zügiger geradeaus. Ein Hauch von Road Movie umgibt Krug und seinen Gefährten auch zwischen Bochum und Wilhelmshaven. Es muß nicht immer Vorderasien oder die Elfenbeinküste sein. Auf den winterlichen Straßen der Verkehrsknotenpunkte in der BRD sieht das Truckerdasein dennoch ein bißchen nüchterner aus. Die Abendsonne spiegelt sich nur selten in der Frontscheibe. Und die Musik aus dem Kassettenrekorder erinnert eher an coole Routen in fernen Ländern, als daß sie zu der draußen vorbeifliegenden Szenerie passen würde. Bottrop ist nicht Botswana.

Zu Hause sieht der Trucker Krug auch gleich aus wie ein gewöhnlicher Arbeiter hinter dem Steuer. Offener Anorak, rotgestreiftes Hemd, knapp sitzende Jeans, schwerer Gang in Gummistiefeln – kein Abenteuerlook. Und auch die Probleme sind hausgemacht. Zu Hause geht es nicht mehr um rebellierende Soldaten im Wüstensand, sondern um Stempel auf Frachtaufträgen. Um Firmen und Scheinfirmen, um die defekte Anhängerkupplung. Da genehmigt sich Franz Meersdonk erstmal ein Bier. Und danach noch eins. Natürlich am Stammtresen.

Winter in Deutschland, das bringt für LKW-Fahrer Streuprobleme. Und wenn dann noch der Auftraggeber Pleite gegangen ist, erhöht sich der Alltagsfrust. Die Straßen sind glatt, und der Unternehmer hat Konkurs angemeldet, damit muß ein Trucker erstmal fertig werden. Als proletarischer Darsteller-Typ verdrängt Manfred Krug das vorübergehend damit, daß er am Küchentisch sitzt und müde über die Tischdecke streichelt. Dann trinkt er noch ein Bier. Die Hände in den Taschen, seufzend, steht er in der Küchenecke wie ein Arbeiter, dem man gerade gekündigt hat. Er ist platt. Nichts mehr vom Actionhelden. Der Alltag eines Werktätigen in der BRD hat ihn eingeholt.

Auch das gehört zu dieser Figur des Franz Meersdonk: daß er die Arbeitsverhältnisse hierzulande spiegelt. Und es ist das Besondere an der Darstellung von Manfred Krug, daß er sich ohne Schwierigkeiten aus dem Abenteurer in den Arbeitnehmer verwandelt. Und beides authentisch spielt. Er wechselt die Truckerkappe gegen die Proletenschirmmütze aus und das Schweißtuch gegen den Schlips. Er zieht die Winterjoppe an und die Lederjacke aus. Sein Ton wird rauher. Wenn Frank Meersdonk auf dem Boden der konkreten Arbeitsverhältnisse und ums Überleben kämpft, kann er sehr ruppig werden. Dann liegt der Berliner Norden in seiner Stimme.

Und die in der DDR erworbene Fähigkeit, klassenbewußte Proletarier darzustellen, mit dem notwendigen Gestus dazu, kann Krug so locker abrufen, als wär's ein Stück von ihm.

Wie ein Chamäleon geht Manfred Krug in seiner Rolle auf. Als er auf dem Gang des Arbeitsamtes steht, eine Boulevardzeitung in der Hand, sieht er aus wie ein winziges Teilchen der Sozialstatistik. Kein Glamour mehr. Aus dem Serienstar Manfred Krug ist ein Arbeitnehmer geworden, wie man ihn als anonyme Silhouette aus den Nachrichtensendungen des Fernsehens kennt. Eine Nummer in der Rubrik Wirtschaft und Soziales.

Manfred Krug hat einfach das proletarische Etwas. Das kommt ihm in seinem Spiel immer zugute. Aber in der TV-serie »Auf Achse« besonders. Schwer vorzustellen, wer den Franz Meersdonk noch so spielen könnte.

Irgendwie möchte Franz wieder raus. Der Schneematsch in München nervt ihn. Er kauft einen neuen Auflieger. Egal, was er transportiert. Hauptsache unterwegs. Franz Meersdonk ist einfach ein Proletarier aller Länder, der das Gefühl des Unterwegsseins braucht.

Leichter würde es gehen, wenn er ein bißchen kriminell wäre. Dann Fuhren zu bekommen, ist ein Kinderspiel. Aber Meersdonk – und auch sein Sozius Willers – ist einfach zu anständig. Genau das macht natürlich den Reiz dieser Figur aus: rauhe Schale, goldener Kern. Und auch seine Frau versteht ihn, selbst wenn er sich kurz vor dem Abendessen – Lachs in Meerrettichsoße – noch vollaufen läßt, um seinen Frust über die schmierigen Geschäfte runterzuspülen. Erst wartet sie am Spülstein auf den Gatten. Danach holt sie ihn verständnisvoll aus der Stammkneipe ab.

Denn der Franz ist trotzdem in Ordnung. Der weiß genau, was er tut. Und wenn er einen hinter die Binde kippt, dann hat er Gründe. So ohne weiteres würde er nämlich seine Frau nicht mit dem Abendessen sitzen lassen. Er ist kein Pantoffel-held, der sich hin und wieder zum Macho aufschwingen muß.

Schließlich fährt er wieder. Zwar nicht nach Rio und Shang-hai, aber immerhin nach München-Nord. Schutt. Wie lange wird er das durchhalten? Der »King of the Road« als Schutt-fahrer?

Nein, da muß Meersdonk raus. Bevor die Schulden und der Alltag ihn fertigmachen.

Und er kommt raus. Schon ist er in größeren Sachen unter-wegs. Richtung Afrika. Das ist was anderes als München.

Weniger bayerisch. Sonniger. Und es gibt dort nicht so viele korrupte Unternehmer.

Dafür aber andere Plagen. Stechmücken. Schlaglöcher. »Heiße« Trucks, die niemandem gehören. Straßengangster. Immer noch besser als die bayerische Straßenverkehrsordnung. Denkt Meersdonk, während er im Fond des Lasters einschläft.

Und genaugenommen muß der Trucker die Zeche bezahlen, denkt Meersdonk nach dem Aufwachen. Wenn er nach stundenlanger Fahrt aussteigt, ist er lahm und steif. Währenddessen trinkt sein Chef Champagner und stößt – wenn er nett ist – auch mal auf seinen Knecht an.

Meersdonk reckt die Glieder. Unterwegs ist er trotz der Strapazen ein anderer Mensch. Manfred Krug sieht auf Achse anders aus als etwa im verschneiten München. Sein proletarischer Kampfgeist ist polyglottem Charme gewichen. In der Sonne des Südens bewegt er sich ganz anders. Da legt er schon mal einen kurzen Tanzschritt ein. Und ein Lied kommt über seine Lippen. Abseits der routinemäßigen Arbeitsverhältnisse ist er einfach mehr Mensch.

Der Darsteller Krug entlockt seinem Repertoire einige Extras. Er hat das Drehbuch mitinszeniert. Und so gehen einige Einfälle auf sein Konto. Beispielsweise, wenn er nach langer Tour eine Dusche nimmt – in einer Autowaschanlage. Genüßlich wie ein Jungelefant in einem Wassertümpel läßt er das kühle Naß auf sich niederprasseln. Sein Gesicht strahlt voller Vergnügen. Solche Einlagen machen die Rolle des Truckers Meersdonk zu mehr als zu einer Studie über Fahrergewohnheiten.

Es sind vor allem die Gesten, die Manfred Krugs Spiel effektiv machen. Er wartet ab. Keine Hektik bis zur Pointe. Dann kommt sie gestisch genau, und die Szene ist im Kasten. Denn das ist immer eine Geste, die sitzt. Krug ist kein

Shakespeare-Darsteller, sein Ausdruck ist limitiert. Aber was er tut, das ist perfekt.

Und für den Trucker Franz Meersdonk hat er einiges aufzubieten. Er stützt den steinschweren Kopf unter Aufbietung aller Kräfte in der Hand, wenn er müde ist; reibt sich die Augen, daß man Angst um seine Sehfähigkeit bekommt; er hantiert mit der Zeitung und drückt damit haargenau seine innere Stimmung aus, und wenn er mit einer Pistole herumfuchtelt, begreift der Zuschauer auch ohne Worte, daß Franz Meersdonk eigentlich ein Pazifist ist.

Und all das ohne großen Aufwand. Kein Spiel für die Galerie. Krugs Gestik hat ihren selbstverständlichen Ablauf.

Wenn Franz Meersdonk schwitzt, läuft ihm das Wasser nur so herunter. Hat er Durst, schluckt er so angestrengt, daß der Zuschauer Mitleid bekommt. Wenn Mißmut seine Miene prägt, kann nichts sie aufhellen. Wenn er sich aber freut, glaubt man, einen Bären tanzen zu sehen.

Krug macht also alles hundertprozentig. So wirkt auch ein Versprecher, den die Regie nicht herausschnitt, wie beabsichtigt, denn der Schauspieler nutzt den Lapsus für die menschliche Seite seiner Figur. Versprecher passieren eben – und Manfred Krug zeigt das mit der gleichen professionellen Haltung wie alles andere auch. Dem Franz Meersdonk nimmt er damit nichts an Autorität. Er fügt ihm noch mehr sympathische Züge hinzu.

In der Folge »Konvoi« zeigt Krug noch mehr Kämpferqualitäten als üblich. Ohne Federlesens packt er zu. Er prügelt einen neurotischen weißen Rassisten aus dem LKW-Führerhaus, als hätte er nie etwas anderes getan als Rausschmeißer gespielt. Mit Fußtritten befördert er seinen Gegner vor sich her. Und anschließend spielt er Trittbrettfahrer auf einem fahrenden Truck, der über Stock und Stein in Botswana unterwegs ist.

Anschließend wirken die Gesten der Beschwichtigung und die souveräne Ruhe von Meersdonk alias Krug um so pointierter. Nur besondere Umstände machen ihn rabiat. Beispielsweise neurotischer Rassismus. Eigentlich ist er ein besonnener Trucker. Ein vernünftiger Mann.

In der Steppe von Botswana oder Niger, in der Wüste Südafrikas oder Marokkos, im Gebirge von Afghanistan, Andalusien oder der Türkei wirkt Meersdonk von der Statur her wie ein stämmiger Großwildjäger, dem große Bestien gerade recht kommen. Ein Darsteller wie John Wayne in »Hatari« kommt dem Zuschauer in den Sinn, wenn er Krug durch den afrikanischen Busch stiefeln sieht. Und er ist auch beileibe nicht weniger männlich als der Hollywood-Star. Nur: man vertraut Meersdonk. Und damit auch dem Privatmann Krug, der nichts spielen kann, das er nicht für richtig hält.

Für actiongeladene Unterhaltung ist das ein Glücksfall. Und Manfred Krug ist in der Serie »Auf Achse«, neben seinen Kollegen, vorneweg Rüdiger Kirschstein, die Glaubwürdigkeit in Person.

Tatort-Kommissar Paul Stoever

Er ermittelt im Trenchcoat. Energisch, aber mit der ihm eigenen Prise Humor tritt er an. Seine Rede ist abwartend, aber er sieht alles. Ironie schwingt in seiner Stimme mit. Manfred Krug erscheint auf dem Fernsehschirm mit einem kräftigen Schuß Aktivismus, aber es geht immerhin auch um Mord. Da ist zügige Ermittlung vonnöten.

Stoever durchschreitet den Tatort mit einem Gespür auch für Nebensachen. Er ist nicht nur Kommissar, er ist auch Alltagsmensch. Seinen Sinn für Schönheit beispielsweise verliert er auch dann nicht, wenn eine Leiche im Nebenzimmer liegt. Soviel Zeit muß sein. Er kann die roten Unterröcke auf einer

Stoever am Draht (mit Charles Brauer in „Leiche im Keller")

Stoever notiert (mit Thomas Astan in „Tod auf Eis")

Wäscheleine im Zigeunerlager bewundern, obwohl ein Mann im Verdacht steht, eine junge Frau mit einem spitzen Messer hinterrücks ermordet zu haben. Für Stoever besteht das Leben – im Gegensatz zu vielen »Tatort«-Kollegen – nicht nur aus Mord und nicht einmal nur aus Ermittlung. Stoever umschmeichelt die Zeugen. Mit sanfter Stimme und wachen Augen, fast auf Körperkontakt, lockt er sie zur Preisgabe möglicher Geheimnisse. Ein Schuß Harmlosigkeit liegt in seinen Worten, der ihn jedoch nur gefährlicher für diejenigen macht, die etwas zu verbergen haben. Stoever hat eine ziemlich lockere Zunge. Er ist gern zu Provokationen bereit. Obwohl er ein friedlicher Zeitgenosse ist, streitet er gern. Manfred Krug bemüht sich kaum, seinen

Dialekt und die freche Schnauze zu zügeln. Obwohl er in Hamburg ermittelt, wirkt er in seinem Auftreten doch wie ein Herr von der Mordkommission in Berlin. Und in diese Regionalausgabe der »Tatort«-Reihe gehört Krug eigentlich auch – Heinz Drache hin oder her.

Stoever hat, für einen Kommissar erstaunlich, immer eine Pointe drauf. Und zwar keine von der naßforschen Art. Seine Sprüche sind ziemlich zivil. Und Manfred Krug plaziert sie ganz souverän, wie nebenbei. Nichts von wegen: in die Kamera spielen und dann womöglich auch noch hinterhergucken. Nein, seine Pointen schießt er im Vorbeigehen oder in einem anderen, ganz unerwarteten Moment ab. Und da Krug über eine sonore, volltönende Stimme verfügt, kommen sie auch dann noch an, wenn er sie en passant abläßt.

Seine Art zu reden ist für einen Hauptkommissar ohnehin ungewöhnlich. Er spricht die Sätze sozusagen gegen den Strich. Die hundertmal gesagten und gehörten Floskeln gehen ihm nicht so ohne weiteres über die Zunge, und wenn, dann ironisch. Anders bringt er sie nicht heraus, diese Konventionen der Ermittlungsarbeit, dieses verbale Einerlei der Bullenmentalität. Und sein Weltbild ist eben ziemlich frei von Vorurteilen. Ein »Tatort« wie »Armer Nanosh« vom 9. 7. 1989, in dem ein Zigeuner des Mordes verdächtigt wird, weil eine Frau erstochen wurde, bewies das einmal mehr. Stoever hütet sich hier vor dem platten und angeblich naheliegenden Verdacht, den die anderen sofort haben. Und bekommt recht.

Dieser Stoever möchte keine Fehler machen. Nicht nur keine Ermittlungsfehler, sondern auch keine menschlichen Fehler. Er will kein Rassist, kein Ausländerfeind, kein Frauenfeind, kein Aufsteiger sein. Mit seinem Seemannsgang schaukelt er durch die Wohnungen der Verdächtigen. Eine Freundlichkeit vor sich herschiebend, die ihm ermöglicht, aus souveräner

Distanz heraus zu Schlüssen zu kommen. Stoever braucht einfach Zeit, die Sachlage richtig einzuschätzen. Freundlichkeit scheint ihm das richtige Mittel dafür. Er setzt sie also taktisch, als Ermittlungsstrategie, ein. Aber er beherrscht dieses Mittel auch so gut, weil er einfach freundlich ist.

Der Kommissar mit der Halbglatze, der Nick-Knatterton-Kappe und der schmalen Lesebrille auf der kräftigen Nase ermittelt nicht brachial. Er wartet lieber ein bißchen länger ab. Er schätzt weder den Aktionismus eines Schimanski, noch die Tütteligkeiten anderer Kollegen. Stoever hält sich auch nicht für einen Privilegierten mit Revolver und Dienstfahrzeug. Er macht seinen Job, ohne resigniert und zynisch zu sein wie seine Kino-Kollegen aus Amerika. Stoever definiert sich einfach als einen Bestandteil der Sozietät. Dieses

Stoever am Tatort (mit Charles Brauer in „Pleitegeier")

Bewußtsein prägt ihn. Erst in zweiter Linie arbeitet er für Recht und Ordnung.

Es ist selbstverständlich, daß man vom Schauspieler Manfred Krug keinen Scharfmacher vom Dienst erwarten kann. Martialische Bullen gibt es darüber hinaus genug. Dieser Bedarf ist gedeckt. Also legt Krug seinen Kommissar mit leisen Tönen an.

Manchmal sieht er verdutzt in die Gegend. Stoever macht niemandem etwas vor. Sein Pokerface setzt er nur gegenüber Verdächtigen auf. Ansonsten bleibt er ein Alltagsmensch, der auch nichts dagegen hat, im Meinungsaustausch einmal den kürzeren zu ziehen. Es kann sogar sein, daß er sich irrt und das auch noch zugibt. Ein wirklich netter Kommissar.

Leckermäulchen Stoever (mit Pia Podgornick und Charles Brauer in „Spuk aus der Eiszeit")

Der manchmal jedoch etwas zu bieder wirkt. Das macht Manfred Krug nichts aus. Der liebt das Unspektakuläre. Lieber verschenkt er eine Wirkung, als daß er sie überzieht. Aber die Biederkeit, die spielt er geradezu leidenschaftlich: sozusagen mit unbiederen Mitteln. Er will schlicht erscheinen und einfach. Im Gedächtnis soll dem Zuschauer nicht der Manierismus eines Kommissars aus Hamburg bleiben, sondern die Darstellung eines menschenfreundlichen Polizisten durch Manfred Krug. Dafür sind aufwendige Mittel nicht geeignet. Sie lenken nur von dem ab, was man eigentlich ausdrücken will.

So einfach auftreten, daß er nur der Kommissar im Hintergrund ist, der seine Dienstmarke zeigt, das mag Manfred Krug allerdings auch nicht. Es kann sein, daß er erst nach mehr als der Hälfte der Spielzeit aufzutreten hat, wie in der schon erwähnten Folge »Armer Nanosh«. Aber danach ist er in jeder Sequenz von Beginn an zu sehen. Und immer mit dem entscheidenden Stichwort. Das entspricht der Einsicht der Regisseure von Krug, daß ihr Mann um so stärker wirkt, je mehr er Mittelpunkt des Bildes ist. Krug spielt mit feinen Mitteln, und die sind in der Totale kaum zu erkennen. Da muß man schon näher mit der Kamera heran. Erst bei Nahaufnahmen entfaltet sich der ganze subtile Gestenreichtum dieses Vollblutschauspielers, der sich jede Figur optimal anverwandelt.

Er kann beispielsweise lediglich aus dem Essen und Trinken heraus seine Figur perfekt umreißen. Und dabei hat der Zuschauer niemals das Gefühl, Krug spiele etwas anderes als sich selbst. Das stimmt zwar nicht, aber genau darauf kommt es an: daß jemand so spielt, als spiele er sich selbst. Manfred Krug ist ein Virtuose alltäglicher Gesten, durchaus in der Lage, so etwas wie die profanen Bewegungen beim Essen und Trinken zu einer gestischen Kunstform auszubilden.

Diese Gesten sind das Salz in der Suppe seiner Darstellung. Man wartet als Zuschauer auf sie. Und da Krug das weiß, kann er beispielsweise eine Szene auch mal mit dem Rücken zur Kamera beginnen. Er tritt auf, telefoniert – und man sieht nur den breiten Rücken und seinen Haarkranz mit der »Spielwiese« auf dem Schädel. Dann dreht er sich genüßlich und gewissermaßen augenzwinkernd um und beginnt, sein Repertoire auszuspielen.

Sofort ist er mitten drin in der Rolle. Und der Zuschauer hat den seltsamen Eindruck, seinem Spiel schon seit geraumer Zeit zuzusehen. So präsent ist Krug vom ersten Moment an. Das liegt natürlich auch daran, daß der Schauspieler auf die großen Eingangs-Ouvertüren verzichtet, die zur Palette

Stoever ermittelt (mit Charles Brauer und Komparsen in „ Armer Nanosh ")

anderer Kollegen gehören. Krug spielt vom ersten bis zum letzten Moment seine grandiose Nummer: normaler Mensch im Arbeitsalltag. Und prägt sich dadurch besser ein als die Supermänner vom Revier, die von Anfang an den Ausnahmehelden mimen.

Spürnase Stoever steigt an der Museumsbrücke aus und ißt ein Fischbrötchen aus der Hand, er zischt eine Molle in einer Eckkneipe, er kümmert sich als väterlicher Freund um ein »gestraucheltes Mädchen«, er holt einen jugendlichen Heißsporn aus dem Arrest, damit er der Beerdigung seines Vaters beiwohnen kann. So einer ist der Stoever. Ein Mann wie du und ich, nur von der Kripo. Ein Held im Trench, der durch die zwielichtige Großstadt schreitet, bis seine Pension fällig ist.

Der einzige Trench-Kommissar des deutschen Fernsehens und sein Kollege Brockmöller vor Ort

Bis dahin bringt er einige Dinge in Ordnung.

Beim Verhör eines Verdächtigen pafft Stoever seine Brasil. Er stößt viel blauen Dunst aus, aber er pustet dem Delinquenten seinen Qualm nicht ins Gesicht. Stoever ist kein Verhörschwein. Er will die Wahrheit mit Überzeugungskraft herauskriegen.

Stoever betritt auch die vornehmen Villen der Reichen mit einem saloppen Spruch und flapsigem Benehmen. Arrogante Manieren schüchtern ihn nicht ein und Imponiergehabe schon gar nicht. Er steht auf dem festen Boden einer einfachen Bürger-Identität, von der aus er die Gesellschaft durchschaut. Er weiß, daß keiner mit seiner Hände Arbeit Millionär wird. Entsprechend unterentwickelt ist sein Respekt vor »Größe« und Einfluß. Und dem Darsteller Manfred Krug glaubt man diese Einstellung unbedingt.

Er hat kluge Drehbuchautoren, die etwas von seinem Image und Ansehen in seine Rollen zu übertragen wissen.

Auf dieser eingebildeten oder wirklichen Übereinstimmung zwischen Stoever und Krug beruht der Erfolg. Der Erfolg des Schauspielers Manfred Krug überhaupt beruht darauf, daß der Zuschauer »Manne« immer wiedererkennt. Eine Ermittlungsarbeit der vertrauensvollen Art und mit menschlich sympathischem Ausgang.

Liebling Kreuzberg mit geliebtem Glibber

Liebling Kreuzberg

Er verläßt den Gerichtssaal nach einer anstrengenden Verhandlung und steckt sich gestreßt eine Zigarre an. Rechtsanwalt Liebling wirkt nicht gerade entspannt. Dennoch nimmt er sofort einen neuen Fall an – wenn auch über den Umweg eines Mittagessens. Er ißt gern – und Arbeitsgespräche lassen sich mit Messer und Gabel besonders gut führen.

Robert Liebling legt den Sturzhelm auf den weißgedeckten Tisch und macht sich über das Lachsschnitzel her. Seine Manieren sind nicht die besten, aber dafür wirkt er sympathisch. Und er kann zuhören.

Manfred Krug spielt den Rechtsanwalt als Gemütsmenschen. Als Mandant faßt man sofort Zutrauen zu diesem Mann. Seine Bewegungen sind gemessen, er sieht sein Gegenüber genau an, hört konzentriert zu. Man hat den Eindruck, er vergißt alles andere, wenn er sich mit seinem Gesprächspartner beschäftigt. Das schafft Vertrauen.

Außerdem ist er von gewinnender Höflichkeit. Er lächelt freundlich, beugt sich vor, um besser zu hören, nickt verständnisvoll – ganz Anteilnahme. Liebling bietet eine Menge Energien auf, um seinem Image gerecht zu werden, ein guter Mensch zu sein.

Er hat allerdings seine kleinen Ruhepausen als Mensch. Für Freundlichkeit geht viel Energie drauf. Also muß der Rechtsanwalt kompensieren. Er tut es mit Götterspeise, mit Zigarren, mit einem Schachcomputer. Hin und wieder braucht er einfach die asoziale Viertelstunde, in der er in seinem Büro ganz allein ist. Dann schleicht er auf Zehenspitzen an seinen guten Geistern im Vorzimmer vorbei und schließt sich ein. Die Gesellschaft der Kläger und Mandanten fällt dann von ihm ab, und er entspannt sich im feierabendlichen Hier und Jetzt.

Mit Golfhut, Regenmantel, hellem Leinenanzug, hellem Hemd und buntem Schlips, die Zigarre zwischen den Lippen, sieht Rechtsanwalt Liebling manchmal aus wie ein Eckensteher aus dem Berliner Norden. Der Zehn-Tage-Bart unterstreicht diesen Eindruck noch.

Manfred Krug vermeidet es beim Spiel, dem Rechtsanwalt einen dienstlichen Zug zu verleihen. Er betont eher das Zivile. Liebling ist zunächst immer Mensch, dann erst Anwalt.

Krug spielt das genüßlich: den Zeitgenossen und Alltagsmenschen im Talar des Rechtsanwalts. Er löffelt seine Götterspeise. Er redet ruhig, aber gestenreich. Er geht viel auf und ab. Mit wiegendem Schritt genießt er es, beim Gehen Gedanken auszuspinnen. Er benutzt sozusagen immer eine materielle Basis — man könnte auch sagen, er steht mit beiden Beinen auf dem Teppich — für seine Argumente. Ein Intellektueller scheint er nicht zu sein. Jedenfalls fehlt ihm dazu rein äußerlich die Nervosität. Nein, Robert Liebling alias Manfred Krug verhält sich immer so, als säße er bei einem guten Essen und einer guten Flasche Wein. Und im Kreis von Freunden, die mal eben vorbeigekommen sind.

Um so besser kommen seine Pointen zur Geltung, die er messerscharf, wenn auch mit umgänglicher Stimme setzt.

Überhaupt kommt viel auf die Stimme von Manfred Krug an. Sie ist sein Hauptwerkzeug. Mit ihr setzt er Akzente. Sie kann einen gefährlichen Unterton bekommen, sie kann kratzen, sie kann von betörender Sanftheit sein. Aber auch naßkalt wie Götterspeise, wenn das Gegenüber eine solche Tonlage verdient.

Gewöhnlich spricht Krug jedoch mit freundlicher Ironie. Mit einer Stimme, die tief aus dem Resonanzboden seines Leibes kommt, aus einer breiten Brust und einem kräftigen Bauch. Von dort läßt sich diese Stimme dann mit aller Zurückhaltung vernehmen. Krug spricht eher dezent, überlegt, ruhig, in wohlgesetzten Worten. Typische Gesten begleiten seine Worte. Und in der feinen Nuancierung macht ihm kein anderer Schauspieler etwas vor.

Eine Stimme so leise zu führen, prädestiniert natürlich für die Kamera. Auf einer offenen Theaterbühne ginge die Wirkung verloren, die der Schauspieler Manfred Krug immer dann entfalten kann, wenn es um leise Töne, um Zwischentöne geht. Mit dieser Stimme zieht Krug alle Register. Sie kann sogar einen »mimischen« Ausdruck bekommen. Dann klingt sie genau so, wie sein Gesichtsausdruck in diesem Moment aussieht. Beispielsweise süßsauer. Oder vor Ironie triefend. Oder irgendwie – wenn Stimmen Augen haben können – versehen mit einem Dackelblick. Jedenfalls passend. Die richtige Stimme zum richtigen Gesicht.

Schreien kann er auch, nämlich dann, wenn er sich ungerecht behandelt fühlt. Wie bei der völlig unbegründeten Eifersucht seiner Freundin, der Staatsanwältin Rosemarie Monk. Da wird aus dem leichten Tenorsax seiner Stimme eine Tuba von erstaunlichem Volumen. Diese Stimme überhört niemand. Auch nicht Frau Monk.

Zur Stimme passen die Bewegungen. Manfred Krug schiebt sich durch die Räume. Er watschelt. In seinen Mokassins nimmt er den Gang eines Indianers an, der weiß, daß noch viele Kilometer durch die Wüste vor ihm liegen. Nur ganz selten, eben dann, wenn er einmal die Stimme erhebt, wird aus diesem runden, energiesparenden Gang hastige Bewegung.

Aber danach fällt er schnell wieder zurück in den Indianertrott. Ins stimmliche Tenorsax. In den ironisch-verschmitzten Gesichtsausdruck. In die versöhnlichen Gesten eines Mannes, der zuerst einmal versucht, sich gütlich zu einigen. Und der infolgedessen das leise Timbre liebt.

Der »menschliche Trick« von Manfred Krug besteht darin, seinen Robert Liebling nicht aggressiv, ja nicht einmal offensiv anzulegen. Liebling wartet ab. Andere Darsteller hätten ihm einen Zug von einem Faustkämpfer mitgegeben. Oder doch zumindest die schneidende intellektuelle Schärfe eines Perry Mason, den Zynismus eines Telly Savalas oder wenigstens die latente Feindseligkeit eines Heinz Drache. Nichts dergleichen bei Krug. Und das ist sein Trick, mit dem er die Klienten in Sicherheit wiegt und den Staatsanwalt auf leichtes Spiel hoffen läßt.

Manfred Krug kann mildtätig wie ein Dackel aussehen. Sein Gesicht zerfällt dann in eine Reihe abfallender Linien. Das fängt bei der nach unten gebogenen Krempe seines Golfhutes an, setzt sich fort über die Ringe unter den Augen, die Nasenfalten und die nach vorn gezogene Oberlippe und mündet in den weichen Fettlinien des Doppelkinns.

Er sieht dann aus wie ein Familienvater, der an einem verregneten Sonntagnachmittag in einer Pizzeria steht und am Sinn seines Lebens zweifelt. Und wenn nun tatsächlich seine Tochter dazukommt, die seit Wochen die Schule schwänzt, dann kann er sehr schnell barsch werden. »Halt die Klappe!« herrscht er sie an, wenn sie versucht, ihm ihr Verhalten mit fadenscheinigen Begründungen zu verkaufen. Im Privatleben ist Robert Liebling nicht so zimperlich wie im Umgang mit Klienten. Hier kehrt er schon einmal den Patriarchen heraus.

Aber lieber wäre es ihm auch in dieser »Branche« seines Lebens, sich sanftmütig zeigen zu können. Oder genauer gesagt: keine Schwierigkeiten zu haben. Und die Dackel-Nummer spielen zu können. Denn er ist von Natur aus kein scharfer Hund.

Robert Liebling spielt deshalb den harmlosen Zeitgenossen auch nicht, er ist es. Die Schule der Hartgesottenen hat er sicherlich nicht absolviert. Er besitzt keine Supermann-Reserven. Wenn er einmal zu wenig geschlafen hat, liegt er am nächsten Tag auf dem Kanapee seines Büros und bekommt kaum die Augen auf. Ein paar Gläser zuviel, und der Morgenkater sitzt ihm wie eine Raubkatze im Genick. Und ein paar Tropfen Selbstmitleid sind immer mit dabei. Denn er läßt sich auch gern bemuttern. Rechtsanwalt Liebling ist als Held ein echter Normalverbraucher.

Daß er gerade deswegen beim Publikum gut ankommt, ist klar. Helden gibt es schließlich massenhaft – aber kaum richtige Männer. Und zu einem richtigen Mann gehört eben auch, daß der auf die Anfeindungen des Alltags menschlich und nicht wie eine Comicfigur reagiert.

Jedenfalls sieht das Manfred Krug so.

„Hallo, hier spricht Robert Liebling"

In seinem Kreuzberger Büro ist das Timing von Lieblings Bewegungsabläufen perfekt. Kein Schritt zuviel zwischen Aktendeckeln, Schreibtisch und Götterspeisen-Kühlschrank. Der Mann wirkt manchmal schon wie ein Stück Möbel in den drei Räumen dieser Kanzlei. Er ist aus der Einrichtung in den dezenten Farben braun, grün und bunt nicht mehr wegzudenken. Auch Kreuzbergs Straßen wären zweifellos ärmer ohne diese markante Gestalt. – Allerdings gab es in der Serie nur selten Außenaufnahmen. Zu selten, finden beispielsweise die Bewohner des Kiezes. Und dieser Meinung schließen sich alle an, die die besondere Atmosphäre des Viertels kennen und schätzen. Erst in der letzten Staffel der Serie hat sich das geändert.

Wenn Liebling einmal einen auswärtigen Ortstermin hat – sagen wir, in Rom, wie in der Folge »Rom und zurück« –, dann wirkt er zunächst einmal wie ein deutscher Tourist. Irgendwas fehlt. Es fehlt am Bodenständigen. Aber schnell überwindet der Rechtsanwalt diesen Mangel, und der ehemalige »Zoni« Manfred Krug trägt seinen Teil dazu bei. Er wirft sich mit der Lust desjenigen, der jahrzehntelang nicht in den Westen reisen durfte, in die fremde Szenerie und erobert sie.

Allerdings hört sich sein Berliner Dialekt mit dem schnoddrigen Unterton hier, zwischen den italienischen Dialekten, anders an. Beiläufiger und nicht mehr so pointiert. Und auch das Interesse für die Postkartenmotive der Stadt wirkt nicht sehr originell. Anders gesagt: Es fehlt das Drumherum des Kiez', das diesen Mann in die Mitte nimmt und im besten Licht zeigt. Erst im Mittelpunkt seiner eigenen Szene, also in Berlin-Mitte, kommt Robert Liebling richtig zur Geltung. Kommt auch Manfred Krug richtig zur Geltung. Erst in Kreuzberg entwickelt er seinen typischen Charme mit Schnauze.

Dennoch: ein Mauerblümchen war und ist Manfred Krug nicht. Schon gleitet er in einen schicken Leinenanzug, schon trägt er sein Ferienlächeln, schon flaniert er lässig über die abendlichen Straßen der südlichen Stadt. Die Abendsonne bräunt sein Gesicht, und er schlürft einen Martini. Liebling Kreuzberg ist auf Achse.

In Rom ist der Anwalt ein anderer Mann als in Kreuzberg. Das ist klar. Manfred Krug spielt ihn anders. Nicht nur, daß die Fälle und die Klientel hier anders sind. Es ist auch ein anderes Verhalten angesagt. Eins, das wie selbstverständlich korrespondieren sollte mit der veränderten Umgebung. Zwar dreht und bewegt sich Krug wie gewohnt mit bärenhafter Grazie, aber das sieht vor dem Hintergrund römischer Kuppelbauten natürlich anders aus als vor der Berliner Hochbahn. Und als er mit einem Verbindungsmann auf einem Dachgarten steht, hoch über den Häusern der Stadt, da sind seine Gesten nicht abgestimmt auf »das Italienische«. Und vom alten Liebling ist nur sein Sprachduktus noch übriggeblieben. Das zu sehen ist interessant, aber irritierend.

Man wünscht sich Robert Liebling dann ganz schnell nach Kreuzberg zurück. Dort paßt er besonders gut hin.

Dreharbeiten

Montag, 10. April 1989. Erster Drehtag einer neuen Staffel für die Fernsehserie »Liebling Kreuzberg«. Wir sind »on location« im Kiez, Kottbusser Brücke, Ecke Kohlfurther Straße. Es regnet.

Das Team wartet auf trockenes Wetter und besseres Licht. Der Star der Dreharbeiten, Manfred Krug, sitzt in seinem dunkelblauen Mercedes 250, die Mitarbeiter versorgen sich unterdessen mit Kaffee und Döner Kebap an einer Imbißbude. Die Aufnahmeleiter Müller und Jellinek sehen immer wieder skeptisch zu den Regenwolken empor, der Wetter gott meint es wirklich nicht gut.

Ich frage das türkische Ehepaar, das den Kiosk betreibt. Ja, sie sind heute extra früh, schon um halb acht hier angetreten. Also zu einer Zeit, wo sonst kein Geschäft zu machen ist. Sie sind als Statisten vorgesehen. Der Türke hat sogar, nach einer Nachtschicht, überhaupt nicht geschlafen. Ehrensache, daß er dabei ist, wenn Robert Liebling, der unkonventionelle Kreuzberger Anwalt, vor der Kamera steht. Er sagt: »Liebling Kreuzberg«. Den Schauspieler Manfred Krug kennt er mit Namen nicht.

Es regnet weiter. Das Team zieht um nach Schöneberg, in die Derfflingerstraße 21. Dort hat sich die Filmproduktion ein altes Mietshaus zum Studio umgerüstet. Das Büro von Liebling ist komplett und stationär als Kulisse nachgebaut. Drei große Zimmer, der Gang, der Eingang. Die restlichen drei Räume vollgestellt mit Aufnahmegeräten, eine Baustelle rund um das Büro des Rechtsanwalts.

In diesem Büro stimmen alle Details. Im Vorzimmer mit dem

Gummibaum liegt aufgeschlagen ein Heft der »Juristischen Schulung«, Ausgabe März 1989, Seite 189, Artikel: »Das persönliche Dafürkönnen«. Außerdem auf dem Tisch: »Das Berliner Anwaltsblatt«, die »Monatsschrift für deutsches Recht«, »Juristische Arbeitsblätter«. Das Handwerkszeug für die tägliche Arbeit eines Rechtsanwalts.

Selbst Briefbögen, die nie benutzt werden, gehören zur Staffage. ROBERT LIEBLING. Planufer 94, 1 Berlin 36. Telefon: 612 13 69 – steht als Briefkopf auf dem weißen Din-A-4-Papier. Ich rufe später unter dieser Nummer an. Natürlich: »kein Anschluß«. Aber als fiktives Detail stimmt die Nummer ebenso, wie die Auswahl der Bücher stimmt, die in den Wandregalen stehen. Neben juristischen Nachschlagewerken findet man Texte von Jean-Paul Sartre, die »Dornenvögel« von Colleen McCullough, Dramen von Girodoux, Calderons »Welttheater«, daneben Kochbücher und allgemeine Lexika. Hier wird nicht nur geblättert, sondern gelesen.

An einer anderen Bürowand hängen Originale des Malers Krug in Öl. »Manfred 1987« steht auf einer ganzen Serie von abstrakten Phantasien in Gelb, Grün, Blau, Schwarz und Rot. Malerische Etüden in abstrakter Manier, die mit Krugs Signum das Büro von Rechtsanwalt Robert Liebling augenzwinkernd zum Aufenthalts- und Ausstellungsraum seines Darstellers ironisieren.

In der Musicbox, die gleich neben der Eingangstür das Büro mit einem Hauch von Bierkneipe ausstattet, warten Singles von Jose Feliciano, den Bee Gees, Lena Valaitis, Howard Carpendale, Tony Marshall, Trio, Mireille Mathieu, aber auch von Rod Stewart auf den entscheidenden Knopf- und Tastendruck. Breitgestreute Vorlieben des Anwalts aus Kreuzberg, die jedoch nicht unbedingt auf den Geschmack von Manfred Krug verweisen.

Ein Stockwerk höher. Hier regiert nicht mehr der Film, sondern die »Realität«. »Freiheit für die Kellerasseln« steht als Graffiti an der Wand. Szenensprüche, beleuchtet von den beiden Scheinwerfern, die draußen vor den Fenstern inzwischen auf einem Gerüst installiert wurden, um den regnerischen Tag etwas aufzuhellen. So bescheint das künstliche Licht ein Ambiente, das aus einem ganz anderen Leben zu kommen scheint.

Auf Schritt und Tritt stolpert man hier, ein Stockwerk über dem Rechtsanwaltsbüro, über den Müll unmittelbarer Vergangenheit. Es wirkt so, als hätten die Bewohner die Räume überstürzt, wie in Panik, verlassen. Überall Gerümpel, Filmabfall, juristische Blätter aus früheren Drehtagen, Flaschen, Lampen, Möbel, technische Geräte, ein Abreißkalender.

In den Studionebenräumen ein Stockwerk tiefer türmt sich noch mehr. Vom Fernseher bis zur Hi-Fi-Anlage, Telefone überall. Eine kompakte kleine Filmfabrik auf engstem Raum.

Um 11 Uhr dann endlich Drehbeginn. 27. Folge, »Jede Menge Abschied«. Probedurchgänge. Manfred Krug sagt zu Regisseur Werner Masten: »Paß mal auf, da müssen wir noch mal drüber reden, ich hab'n paar Sachen geändert. Also wenn ich da so spiele, das ist nicht Trotteligkeit, sondern gezielte Verbesserung. Du verstehst?«

»Na klar«, nickt der Regisseur. Er kennt Krug seit Jahren. Sie haben schon die Vorabendserie »Auf Achse« zusammen gemacht. Und er ist daran gewöhnt, daß der Star mitinszeniert. Manfred Krug spielt nicht einfach nur, er führt auch mit Regie. Aber ganz vorsichtig. An den Drehbüchern von Jurek Becker, seinem Freund seit 30 Jahren, gibt es kaum etwas zu verändern. Nur Kleinigkeiten. Aber die sind entscheidend. Das sind Dialogstellen, die aus der konkreten Handlung heraus plötzlich steif klingen, manchmal sind es nur einzelne Worte, manchmal nur Betonungen.

Krug hat Respekt vor dem Können seines Freundes Becker. Aber jetzt macht er Veränderungsvorschläge.

Danach macht er eine Wanderung durch die kalten Räume. »Drehen!« ruft er aufmunternd, steckt die Hände in die Taschen und läuft auf und ab. Dann endlich: Auftritt Robert Liebling. Die Kamera freut sich schon, Futter zu bekommen. Krug wirkt heiter, launig, dabei voll konzentriert. Nach drei Probedurchläufen und einer «heißen Probe« ist die erste Szene im Kasten. 27, 7, 1, die Dritte. Das war's.

Und während Krug seine Wanderung wieder aufnimmt, lernt er die nächsten Dialoge auswendig. Eine Textzeile, die ihn an einen eigenen Schlager von früher erinnert, singt er sogar. Vor der Kamera wird er sie – leider – nur sprechen. Der jazzige Schlager- und Chansonsänger geht mit ihm durch, das Spielerische an diesem Schauspieler, der seine Arbeit zwar nüchtern-professionell erledigt, aber nicht bierernst sieht, blitzt auf.

Und immer wieder diskutiert er die Dialoge und ihre Interpretation mit dem Regisseur und dem Kameramann. »Komm, laß uns hier rausgehn«, heißt es an einer Stelle. »Komm, laß uns hier verschwinden«, macht Krug daraus. Eine Kleinigkeit, aber genau die zu verbessern, das macht einen konzentrierten Darsteller aus. »Ist doch besser, oder spinn' ick?« fragt er den Regisseur. Aber eigentlich hat der Berliner Krug die Änderung mit sich selbst ausgemacht. So klingt es wirklich besser.

Während gegenüber vom Drehort Schüler das »Französische Gymnasium« verlassen, ohne von den Dreharbeiten, an die sie schon gewöhnt sind, noch Notiz zu nehmen, legt das Filmteam eine Umbaupause ein. Licht und Kameraposition müssen verändert werden, der Schreibtisch wird fünf Zentimeter aufgebockt. Krug entspannt sich inzwischen im Treppenhaus. Er sieht müde und verfroren aus. Als ich mit ihm spreche, ist er dennoch freundlich und entgegenkommend. Ein Nachbar, dem man im Treppenhaus begegnet.

Beim Zeichen zum Weiterdrehen eilt er sofort auf seinen braunen Mokassins, im hellen Liebling-Leinenanzug, zu dem ein breiter, bunter Schlips den gewohnten Kontrast bildet, vor die Kamera. Ein Mann und Darsteller, auf den seine Mitarbeiter zählen können. Liebling Kreuzberg, Manfred Krug.

Mittagspause. Krug entspannt sich in dem einzigen beheizten Raum dieses Hauses, im Parterre. Während die Crew um ihn herum über Alltagsprobleme redet, geht er herum und lernt die Dialoge der folgenden Takes. Ein absurdes Bild: der deklamierende Schauspieler und drumherum die Kollegen, die Dialoge aus dem wirklichen Leben beisteuern. Film und Realität.

Gerne ergreift Krug die Gelegenheit, Fragen zu beantworten. Er schätzt und er reflektiert zugleich auch über das Medium, von dem er lebt, mit dem er arbeitet. Er bedient es gern.

Manfred Krug hat keine Vorbehalte, gleich welcher Art, gegen Kollegen. Er hat überhaupt kein Mißtrauen, daß Journalisten nur seinen Namen ausbeuten, sondern er weiß, daß für ihn, den »Gebrauchsdarsteller«, wie er sich selbst begreift, Publicity dazugehört. So wie Krug für gewisse Produkte Werbung macht, so wirbt er auch für seinen Namen in Interviews. Er hat ein pragmatisch-realistisches und kommerzielles Verhältnis zu seinem Beruf. Und er legt keinem Kollegen, der wie er ernsthaft seine Arbeit verrichtet, einen Stein in den Weg.

Während wir reden, hat er sich eine Zigarre angezündet, er raucht Dannemann Brasil. Die Asche schnippt er in einen Plastikbecher, sitzt ruhig da, hört genau zu. Er spricht, ohne sich zu verhaspeln. Er überlegt gründlich und artikuliert präzise, mit dem Duktus eines Mannes, der genau weiß, daß seine Sätze unter Umständen auch wortwörtlich »Politik« machen können. Außerdem hat er gelernt, daß Versprecher oder Unschärfe Zeit, Geld und Nerven kosten. Proben müssen wiederholt werden, Bänder werden unbrauchbar, Mißverständnisse . . .

Schon hundertmal gestellte Fragen beantwortet Manfred Krug ebenso gelassen, wie er sich über neue Fragen freut. Nur wenn er das Gefühl hat, sich rechtfertigen oder gar verteidigen zu müssen, wird seine Stimme gereizt. Dann bricht auch sein Berliner Dialekt aus ihm heraus. Schnoddrig und schlagfertig nimmt er die Fragen auseinander und baut sie mit der ihm eigenen Ironie wieder zusammen. Die läßt ihn ebensowenig im Stich wie sein menschenfreundlicher Humor.

Nach vielen Proben, heißen Proben und Drehs hat er in der Mittagspause Zeit, statt Kartoffeln mit Quark, die ihm der stellvertretende Aufnahmeleiter Peter Jellinek anbietet, Interview-Fragen »zu sich zu nehmen«. Sofort danach steht er wieder vor der Kamera. Ein Drehtag ist Schwerstarbeit. Und jede zusätzliche Belastung raubt Kraft. Es spricht für den Profi Manfred Krug, der mehr als dreißig Jahre Film- und Fernseherfahrung auf den breiten Schultern hat, daß er allen Erwartungen, die man an ihn heranträgt, gerecht zu werden versucht.

Die Kälte, die draußen herrscht – wir haben Mitte April – schlägt sich auch drinnen nieder, im schlecht beheizten Studio. Die Anwaltspraxis von Robert Liebling lädt kaum zum längeren Verweilen ein. Aber auch der Garderobenraum, in dem sich Krug in einer Umbaupause zwischen zwei Proben entspannt, ist alles andere als gemütlich. Er gleicht eher einem Bauwagen auf einer Großbaustelle.

Hier sitzt Krug. Er schließt die Augen, prägt sich die nächsten

Dialoge ein, die in großen Lettern auf seinen Spickzetteln, den sogenannten »Negern«, aufgeschrieben sind. Er steht auf, geht ein paar Schritte, setzt sich wieder. Er wirkt eigentlich nicht nervös. Eher ist es so, daß er genau weiß, was er tun muß, um sich vorzubereiten. Professionalität ist sein Geheimnis.

Montag, 13. Juli, 1989. Das Haus in der Derfflingerstraße liegt verlassen. Nur noch der Hausmeister wohnt in den ansonsten leeren Räumen des vierstöckigen Mietshauses. Das Produktionsteam ist inzwischen in eine schöne Berliner Altbauwohnung nach Charlottenburg umgezogen. Dort, in der Pariser Straße, wird an den letzten Folgen weitergedreht. Und während die Wohnungsinhaberin sich auf dem Balkon sonnt, steht drinnen ihre Wohnung auf dem Kopf.

In der Serie wird diese Wohnung als Robert Lieblings Behausung erscheinen. Die bekannten Requisiten für den Rechtsanwalt aus Kreuzberg, vor allem Schreibtisch und großes Bett, sind aufgebaut. Was jedoch außerhalb der Kameraeinstellungen zu sehen ist, entspricht diesem Wohnungsstil nicht. Viel Blattgold an Rahmen, Lampen, Vasen, Art Deco-Objekte, Wandteppiche, Gummibäume, Nippes überall. Im Schlafzimmer Papierblumen, bestickte Kissen, Zierhunde aus Porzellan auf dem Nachttisch. Die Wohnung ist ein einziges, fremdartiges Durcheinander. Ein geordnetes Chaos aus benutzten Wohnrequisiten und Dreh-Müll, den das Team heranschleppte. Nach Drehschluß wird eine Putzkolonne hier wieder den Normalzustand etablieren müssen.

Manfred Krug erscheint auf dieser Baustelle der Fernsehproduktion wie immer hochkonzentriert. Selbst wenn er sich außerhalb der Kulissen aufhält und aus einem Nebenzimmer eine zur Probe gesprochene Dialogzeile an sein Ohr dringt, liefert er sofort die passende Antwort, seinen Part, nach. Einmal am Set, total am Set.

Die Grenzen zwischen dem Privatmann Krug und dem Schauspieler sind eben fließend. Er schlüpft ohne Problem von der einen Rolle in die andere. Der äußere Unterschied wird höchstens an dem grellbunten Schlips sichtbar, den Krug aus Berlin-Charlottenburg hastig umbindet, wenn er als Liebling aus Kreuzberg vor die Kamera muß. Oder wenn er sich den unvermeidlichen Golfhut auf die Halbglatze setzt – ein Hut übrigens, der oft im Gewühl der Requisiten einfach verlorengeht. Dann muß die Requisiteurin verzweifelt Maulwurf spielen.

Sobald Manfred Krug am Drehort eingetroffen ist, verschmilzt er Teile des Privatmannes und des Darstellers zu einer absolut präsenten Person für die Medien. Liebling Krug, der Massenstar.

Das Team ist nach drei Monaten Drehzeit am Stück nervöser geworden. Abnutzungserscheinungen machen sich bemerkbar. Es kommt zu heftigen, cholerischen Ausbrüchen. Der Umgangston ist nicht mehr so herzlich. Gereizt werden Fehler der Requisite registriert. Oder der Mann mit der Klappe muß herhalten, wenn etwas nicht Vorgesehenes ins Bild kommt.

Auch der Star Krug ist in die Auseinandersetzungen involviert. Er beharrt auf genauen und langsamen Proben, um ein Gefühl für die Szene und ihre notwendigen Bewegungen zu bekommen. Er beschimpft Werner Masten, den Südtiroler, natürlich in aller Freundschaft, wegen dessen äußerster Sparsamkeit, was die Probenzeit angeht, als »Südschotten«. Nach den Ausbrüchen folgen jedoch die Entschuldigungen. Vor allem von Regisseur Masten, der den Zeitdruck der Produktion am unangenehmsten spürt. Die Szenen müssen in den Kasten, die Termine drücken. Proben werden deshalb schneller durchgezogen. Und zu wirklichen Feindseligkeiten kommt es nie. Dazu wissen alle zu genau, daß nur äußerer

Druck für die Gereiztheiten ausschlaggebend ist. Man mag sich.

Und das kollegiale Zusammenspiel des Teams ist insgesamt auch reibungsloser geworden. Jeder kennt inzwischen seinen Part und erfüllt ihn – die Abnutzungserscheinungen abgezogen – fast schlafwandlerisch.

In Drehpausen entspannt sich Krug im Treppenhaus. Er unterhält sich mit dem Kind der Hausmeisterin, imitiert Dialekte, frozzelt. Masten haut sich erschöpft auf das Bett, verschränkt die Arme hinter dem Kopf und starrt zur Decke, Kameramann Klaus Eichhammer bastelt an seiner Apparatur herum, Regieassistent Dieter Laske schleppt das Script hin und her und Diana Körner, die in der Serie Lieblings Freundin spielt, legt vor dem Flurspiegel letzte Korrekturen an ihr Make up. Ruhe vor dem nächsten Sturm.

Die Bewohner des Mietshauses Pariser Str. 6 nehmen kaum Anteil an den Dreharbeiten. Sie sind es gewohnt, daß sie auf Schritt und Tritt über die Filmleute stolpern. Niemand wundert sich darüber, im Treppenhaus einen Mann im rotgestreiften Pyjama auf den Stufen hocken zu sehen. Niemand ruft die Polizei, denn hier sitzt natürlich Robert Liebling.

Dann ist die Arriflex 16 SR II wieder einsatzbereit. Einstellung 27, 33, die Dritte, kann gedreht werden. Der letzte Teil aus der Folge »Jede Menge Abschied«, an der schon ein Vierteljahr zuvor gearbeitet worden ist.

Denn beim Fernsehen eine Serie zu drehen, das heißt, daß ein Drehbuch in unzählige, kleine Scheibchen zerschnitten wird. Daß Szenen und Sequenzen an einem einzigen Ort quer durch alle Folgen gedreht werden. Daß Regieassistent und Scriptgirl alle Hände voll zu tun haben, die richtigen Anschlüsse zu garantieren. Und daß die Cutter, die Künstler der Montage, das Werk erst am Schluß vollenden werden.

Die Kamera ist bereit. Das Team greift wieder wie ein

Uhrwerk ineinander. Die Film- und Fernsehmaschine läuft an. Jeder hastet in der Wohnung nach einem ungeschriebenen Plan umher, und wie durch Zauberei läßt die Arbeitsdisziplin plötzlich ein perfektes Tableau entstehen für die Kamera und für den späteren Zuschauer.

Manfred Krug ist der gute Geist des Filmteams, das an »Liebling Kreuzberg« arbeitet. Man könnte ihn fast für den Aufnahmeleiter halten, wüßte man nicht, daß er der uneingeschränkte Star der Serie ist. Eines seiner Lieblingsworte ist: Entsorgung. Er benutzt es nicht ganz ernst, sondern ironisch. Aber er benutzt es häufig. »Entsorgen wir dies Problem!« sagt er – und das gilt bei seinen Mitarbeitern als Hinweis, daß etwas verändert werden muß. Requisiten, die herumstehen, werden verschoben, das Cognacglas mit der »süßlichen Brühe« darin, die Cognac suggerieren soll, muß gewechselt werden – ein soeben abgedrehter Text ist »entsorgt« worden.

Der ökologische Ausdruck wird von Krug mit voller Absicht eingebracht. Wenn schon Entsorgung, dann gründliche und wirkliche – radikalpragmatische, sozusagen. Der Mensch Krug ist für ordentliche Arbeit und nicht für Gerede. Deshalb kümmert er sich bei Dreharbeiten auch um alles. Er ist nicht nur Garant für die Einschaltquoten, sondern auch für den reibungslosen Ablauf der Dreharbeiten, mit ihren tausend kleinen organisatorischen Problemen. Er denkt mehr als einen Gedanken mit, er legt mehr als eine Hand an.

»Sie sind zwar der Star der Serie, aber Sie benehmen sich nicht so. Wie kommt das?«, frage ich Krug, der es sich im breiten Ledersessel seines Büros gemütlich macht und dicke Rauchschwaden seiner Dannemann produziert – übrigens der einzige blaue Dunst, den Krug erzeugt; sonst ist alles, was von ihm kommt, kurz, klar und bündig.

»Also das klingt jetzt vielleicht ein bißchen kokett«, antwortet Manfred Krug, »aber in meinem Leben, zumindest bis zu der Zeit, als ich nach Westdeutschland zurückgegangen bin, gab es das Wort Star so gar nicht. Ich wußte nie so genau, was damit eigentlich gemeint ist. Ich habe mir immer vorgestellt, ein Star, das ist jemand, der sich den ganzen Tag um sein Image und dessen Pflege kümmern muß und der, um die Gage hochzuhalten, auch ganz bestimmte Starallüren entwickeln muß. Der muß in bestimmten Hotels wohnen, der muß eine bestimmte Menge Koffer mit sich führen und einen Gorilla bei sich haben. Ich habe das immer als etwas mir sehr Fremdes angesehen.

Aber, es kommen natürlich auch ganz pragmatische Gründe hinzu. Ich glaube, wenn einer mit einem so intimen Filmteam arbeitet, wie wir das meistens beim Fernsehen haben, und irgendwelche Allüren entwickelt, dann würde er ganz sicherlich einen sozialen Abstand schaffen, zwischen sich und den übrigen Mitarbeitern und er würde sicherlich sehr einsam sein bei der Arbeit. Das kann nicht in meinem Sinne sein.

Dann kommt noch etwas hinzu. Ich glaube, um Starallüren zu genießen, muß man charakterlich anders organisiert sein als ich. Ich habe ja eine proletarische Vergangenheit, habe im Stahlwerk gearbeitet und ich habe deshalb keinen Genuß an Starallüren.«

Ich will wissen, ob Manfred Krug das als politische Haltung begreift. »Wenn alle Haltungen, die in der Sozietät der Menschen eine Rolle spielen, politisch sind, dann ist das vielleicht auch eine politische Haltung«, antwortet er nach kurzem Zögern. »Aber nun jeden Pups, den man läßt oder nicht läßt, gleich eine politische Haltung zu nennen, das widerstrebt mir auch. Ich kann einfach mit Starallüren nichts anfangen, es macht mir keine Freude. Vielleicht gibt es ja Künstlerpersönlichkeiten, die viel Spaß am Starruhm haben. Denken Sie an einen Mann wie Dali, der sich auf merkwürdigen Festen merkwürdig aufführte, sich exzentrisch gab und es wohl auch war, das war für den sicherlich gut. Sowohl für seinen Ruhm als auch für sein persönliches Wohlergehen.

Aber ein großer Künstler und ein Exzentriker, der es genießt, besonders beachtet zu werden, besonders aufzufallen – wobei ich gegen solche Menschen absolut nichts habe, ich behaupte nicht, daß so jemand politisch unreifer wäre als der stillere Mensch – der bin ich nicht. Und ich könnte sogar sagen, daß ich insofern für meinen Beruf nicht besonders charakterlich ausgestattet bin! Das Bad in der Menge oder ähnliche Dinge fallen mir schwer. Ich hau dann lieber ab!«

Diese charakterliche Eigenart bedeutet jedoch, daß Manfred Krug am Drehort mehr tut, als er müßte. Wie gesagt: er legt Hand an. Er räumt Bodenmarkierungen weg, verändert die Lage der »Neger«, trägt Bücher ins Regal zurück, hebt den Tisch an, um ihn besser ins Bild zu rücken. Nicht die Arbeit eines Stars, er tut sie dennoch. Zu der Schwerarbeit, die er als Schauspieler einer Serie ohnehin leistet, kommt noch ein bißchen mehr dazu.

»Ja«, antwortet Krug bescheiden, »aber das müssen nicht unbedingt Dienstleistungen sein oder Hilfestellungen, sondern das kann auch eine Art von Auflockerung sein. Ich komme dann mal von dem Text weg, vom Nachdenken über die Szene, und danach kann ich unter Umständen wieder frisch einsteigen.«

Zwecksoziales Handeln des Stars? Krug, der vom Aufnahmeleiter zu weiteren Proben gerufen wird, steckt noch einmal den Kopf zur Tür rein und sagt: »Also, Sie merken schon: alles eigennützig!«

Und wie er das sagt, nimmt man ihm sofort ab, daß er nicht kokettiert. Er meint es ernst mit der kollegialen Haltung.

Dann steht er wieder vor der Arriflex. Und es fällt sofort auf, wie sicher er die Rolle des Anwalts beherrscht. Kollegen haben immer wieder behauptet, Krug spiele sich selbst, wenn er den Liebling spielt. Das stimmt nicht. Jeder kann sehen, wie sich der Ausdruck des Schauspielers vor der Kamera, wenn die Klappe gefallen ist, verändert.

Krug agiert langsam. Prägnant umreißt er die Figur und ihre Gesten. Sein Sprachduktus wird präziser. Er spricht auch mit dem Zeigefinger, neigt den Oberkörper beim Sprechen vor, wendet das Gesicht mit dem Sieben-Tage-Bart immer seinem Gegenüber zu, er sitzt salopp. Und vor allem dieser wiegende Gang, mit dem er in seinem Büro zwischen Schreibtisch und Bücherregal hin und her watschelt, bevor er im ironischen Tonfall, schnoddrig, manchmal einfach schlampig – aber das ist nur ein schauspielerischer Trick – einen Dialog beginnt.

Spielt er trotzdem sich selbst?

»Also ich glaube«, antwortet er amüsiert, »die Ansicht, daß ich immer mich selbst spiele, habe ich selbst verbreiten helfen. Und das ist mehr ein Bestätigen eines ziemlich laienhaften Verständnisses über mein Spiel. Und ich sage mir, warum soll ich diesen Eindruck nicht bestätigen? Den Leuten macht es überhaupt nichts aus, das anzunehmen. Und es ist ja auch 'ne schöne Annahme, zu glauben, ein Mensch bewege sich privat durch diese Dekoration, und dann wird die Kamera dazugeschaltet und mit ihm ändert sich überhaupt nichts. Das ist natürlich nicht so. Denn: es fängt schon mit dem geschriebenen Text an, der auf Pointe geschrieben ist. Daran hat der Autor lange formuliert und man würde diesen Text im Privatleben so gestochen gesprochen nicht hervorbringen. Dann müßte man auch z. B. langsamer denken und langsamer sprechen. Aber dann geht's ja auch darum, daß man das Gesprochene transportieren muß. Die Leute sollen ja den Dialog verfolgen können und auch, wenn das Dialogtempo relativ hoch ist, noch die Pointen mitkriegen; die

Punkte, um die es im wesentlichen geht, sollten sich abheben von einem allgemeinen Parlando; Stellungen und Positionen, Licht, Kamera usw. müssen beachtet werden, also Dinge, die mit dem Handwerk des Films zu tun haben.

Dadurch ergibt sich schon mal sowieso was Artifizielles, etwas Künstliches im Betragen, was nicht den natürlichen Bewegungen und dem Gedankenfluß, Sprachduktus entspricht. Aber ein Teil der spezifischen Film- und Fernsehkunst besteht tatsächlich darin, Alltagsgestalten, und der Liebling ist ja eine Alltagsgestalt von heute, so auszustatten, daß der Zuschauer eine ziemlich private Vorstellung von dieser Person entwickeln kann. Er soll den Eindruck haben, die Person bewegt sich tatsächlich privat. Nicht gestelzt oder gequält.«

Manfred Krug, der Profi bis auf die Knochen, sagt das, erhebt sich und dreht weiter. Die Sicherheit, mit der er agiert, hat er in mehr als drei Jahrzehnten Film- und Fernseharbeit gewonnen.

Auch in Interviews verhält er sich nicht anders als bei Dreharbeiten, die für ihn anscheinend eine Fortsetzung der Öffentlichkeitsarbeit nur mit anderen Mitteln sind. Wenn er eine Antwort unterbrechen und vor die Kamera zurück muß, knüpft er nach der Rückkehr in den Sessel sofort nahtlos dort an, wo er aufgehört hat.

Interview

Freuen Sie sich, daß Liebling Kreuzberg fortgesetzt wird?

Krug: Ich freue mich immer, wenn eine Serie fortgesetzt wird, weil das ja anzeigt, daß sie ankommt, also das Publikum die Fortsetzung wünscht, nicht? Also wenn eine Serie durchfällt oder keine Einschaltquoten erreicht, dann wird sie ja abgesetzt. Das ist schon mal das eine. Das andere ist, daß ich ja davon lebe, daß ich spiele. Dabei ist es wurscht, ob das Serien sind, oder Einzelwerke – es ist für meinen persönlichen Einsatzplan wichtig, daß es weitergeht. Zwei gute Gründe, mich zu freuen.

Und inhaltlich, liegt Ihnen etwas an der Rolle?

Krug: Ja, selbstverständlich. Natürlich ist es einem Schauspieler nicht gleichgültig, ob er eine gutgeschriebene Vorlage hat oder eine schlechtgeschriebene, insofern ist es bei »Liebling« schön, daß auch noch gerade diese Serie weitergeht und nicht irgendwas. Aber ich muß Ihnen sagen, auch Serien, die vielleicht nicht ganz so kunstfertig gearbeitet sind, was die Autoren angeht – auch bei solchen Serien freue ich mich, wenn die Arbeit weitergeht, wie etwa »Auf Achse« oder so.

Also wegen des Publikumsinteresses?

Krug: Ja, auch wegen meines Arbeitsplatzes! Das wird immer vergessen dabei, so als wären Schauspieler Leute, die sich ihre Arbeit selber aussuchen können! Das ist ein Angebot an mich, das ich annehmen kann, damit kann ich Geld verdienen, davon kann ich leben.

Diese Serie, ist das Ihr größter Erfolg im Westen?

Krug: Ich weiß nicht, ob man das so messen kann. Es ist

sicher ein Erfolg, auch für mich gewesen, aber ebenso ein Erfolg für Jurek Becker, als Drehbuchautor ...

Ja, Erfolg könnte man jetzt messen an Popularität, das merken Sie ja, wenn Leute Ihnen schreiben, oder Leute über Sie schreiben, der Grimme-Preis wäre ein Erfolg, die Einschaltquoten auch ...

Krug: Ja, alles das zusammen genommen, muß man sicherlich sagen, daß »Liebling Kreuzberg« ein Erfolg für mich ist. Aber ich würde nicht sagen, daß eine andere Serie wie »Auf Achse« – bei einer etwas anderen Klientel – weniger erfolgreich ist. Man muß, glaube ich, verstehen, daß die eine Serie von anderen Menschen gesehen wird als die andere. Die Serie »Auf Achse« ist eher abenteuerlich, kolportagehaft, sicher auch ein bißchen märchenhaft, hier und da. Sie spricht mehr Jugendliche an, die selbst mal ein Abenteuer – und sei es nur aus zweiter Hand – erleben wollen. Oder 'ne Reise machen wollen. Und diese dann über die Schauspieler und die Geschichte auch erleben. Oder auch Rentner, alte Leute, die am frühen Abend schon Zeit und Lust haben, sich unterhalten zu lassen – während es hier, bei »Liebling«, doch um einen anderen Publikumsanteil geht. Leute zum Beispiel, die sich für wirkliche Rechtsfälle und ihre Hege und Pflege interessieren, weil ja doch auch viel Didaktisches in dieser Serie steckt. Und viel durchaus Lernenswertes, nicht? Für uns alle, meine ich. Nicht, daß dies unbedingt die Intention des Autors gewesen wäre, da ist kaum ein Zeigefinger oder ein Drücker zu spüren. Aber ich selbst staune immer wieder beim Lesen der Bücher und dann auch bei der Arbeit, wie viel doch für mich als Bürger, der sich gelegentlich doch mal auseinanderzusetzen hat, da zu holen ist an Wissen. Die Leute, die sich grundsätzlich anstrengen, wenn ihr Wissen verstärkt wird, sehen die Serie vielleicht nicht so gern.

Ist der »Liebling« der Wirklichkeit abgelauscht?

Krug: Wir machen ja alles anders als die wirklichen Anwälte. Wenn Sie sich 'ne Gerichtsverhandlung in Deutschland ansehen, dann ist das eine sehr müde, schaumgebremste, leidenschaftslose Angelegenheit. Niemand steht auf und geht da rum, diese angelsächsische Bewegungsfreude vor Gericht, die haben wir nicht. Aber wir haben uns darüber hinweggesetzt, weil wir dachten, es ist in einem optischen Medium eigentlich unerträglich, lauter sitzende Gestalten vorzuführen, da kann man gleich einen Dia-Vortrag machen und aus dem Rest ein Hörspiel.

Ich habe dazugelernt, wie vor Gericht vorgegangen wird. Also z. B. dieses »Absprechen« mit dem Richter ...

Krug: Man kann nicht »Absprechen« dazu sagen! Aber auf jeden Fall gibt es sehr viele Möglichkeiten, Verhandlungen vorzubereiten, daß da nicht alle Parteien vollkommen unbekannt gegeneinander den Saal betreten, und man kann durchaus nach den jedermann bekannten Grundsatzurteilen, die es gibt, gehen und bei den Gesprächen mit dem Richter etwa sagen: hören Sie, wir hatten da und da, dann und dann dieses Grundsatzurteil, zu einem ähnlichen oder gleichen Problem, wollen wir das nicht niederschlagen, oder wollen Sie das Verfahren wirklich eröffnen. Und dann gibt es eben Standpunkte schon vorab, die dazu führen können, daß die Verhandlung möglicherweise gar nicht stattfindet. Und das ist absolut üblich und legitim. Hier, an diesem Punkt, entfernen sich die Bücher gar nicht von der Realität.

Worauf führen Sie den Erfolg der Serie zurück? Auf Ihre Person oder auf die Hauptfigur?

Krug: Ja sicher, ich meine, ich bin nicht kokett und kann also nicht sagen, das hat mit mir gar nichts zu tun! Aber ich muß auch sagen, ein Schauspieler kann sich noch so bemühen, sich beide Beine ausreißen; wenn eine literarische Vorlage wirklich dürftig ist, dann wird es nicht viel bringen. Wenn dann auch noch ein dürftiger Regisseur dazu kommt, der keine Ideen für die Auflösung hat und ein etwas müdes Kamerateam, dann sind schon alle Voraussetzungen gegeben, so ein komplexes Ding wie ein Filmteam in der Leistung niederzudrücken. Also ich glaube, daß der Erfolg von »Liebling« tatsächlich sehr viel zu tun hat mit den Büchern, viel mit der Regie, und auch etliches mit den Schauspielern. Und ich sage ausdrücklich »mit den Schauspielern«, weil ich finde, daß wir sehr viele gelungene Figuren in diesen Folgen hatten. Was auch damit zu tun hat, daß wirklich gute Schauspieler, die sich oft vom Theater gar nicht weg wagen zum Fernsehen, weil sie die Trivialität nicht ertragen können, die ihnen da oft entgegenschlägt aus den Büchern, oft nein sagen und lieber nicht mitspielen, die paar Mark sausen lassen und bei ihren Leisten bleiben. Im Gegensatz dazu haben hier ganz viele hervorragende Schauspieler auch für Episoden sich zur Verfügung gestellt. Wie Wolf Dietrich Sprenger, Tilo Prückner, Christoph Hofrichter und viele andere, die mir nicht gleich einfallen.

Ist Ihnen der Robert Liebling sympathisch, also so, wie wir als Zuschauer uns identifizieren, wenn wir das sehen? Ist es vielleicht auch so, daß Sie sich identifizieren?

Krug: Sympathie ist mir erst in zweiter Linie wichtig. Ich habe mir nicht vorgenommen, lauter sympathische Leute zu spielen. Wahrhaftigkeit ist mir wichtiger. Und dieser Liebling ist ein Typ, dem man eben auch anmerkt: ein größerer, bedeutenderer, berühmterer Anwalt ist er nicht geworden, woran immer das liegt – und die Tatsache, daß er auch kleine und mickrige Fälle behandelt, hat nicht nur mit seiner Menschenliebe zu tun, sondern auch mit dem Platz, den er da in seiner Praxis, mitten in Kreuzberg, errungen hat und nun verteidigt. Das hat sich so ergeben, vielleicht wäre er doch lieber

Justizminister geworden – weiß ich nicht. Er kassiert, wo er's kriegen kann und wo mehr, da auch schon mal mehr, und er ist ausgestattet mit einer Menge von Eigenschaften, die man nicht unbedingt sympathisch nennen kann. Und da wird 'ne Figur ja erst spannend und interessant. Wenn ich so einen Typ sehe, so eine mausetote Figur wie in dieser neuen Försterserie, diesen Förster, wo ich keinerlei – also ich rede nicht vom Schauspieler, sondern von der Figur – Miesigkeit sehe, sondern ich sehe dieses Edelgewächs. Mich und einige meiner Freunde langweilt das schnell. Ich werde mir ein, zwei Folgen ansehen und dann sage ich: entsorgt das Problem. Also mir sind Figuren, die so sind wie Sie und ich lieber als Figuren, die vorführen sollen, sie seien lauter Jesusse.

Ja, das macht dann eben auch die Identifikationsfähigkeit aus, daß die Figur etliche Schwächen hat ...

Krug: Aber im Buch müssen diese Schwächen schon stehen, ich darf ja als Schauspieler nicht hingehen und Schwächen erfinden ...

Aber mir ist aufgefallen, daß Sie beim Drehen Dialoge ein bißchen verändern, z. B. bei Ausdrücken, die Ihnen nicht passen, die hölzern sind. Meine Frage: sind Sie beim Abfassen des Drehbuchs von Jurek Becker im Arbeitsprozeß schon drin, schreiben Sie mit, oder geben Sie Anregungen?

Krug: Nein, gar nicht. Bei schlechten Drehbüchern kommt es vor, daß man, wenn man am Drehort angekommen ist, zusammen mit dem Redakteur, Regisseur oder mit den anderen Schauspielern sich hinsetzt, und ein paar Sachen überdenkt oder auch was ändert. So oft das mit der Billigung des Autors geht, wird's gemacht, wenn man aber in Chile in der Atacama-Wüste ist und der Autor ist nicht greifbar, dann muß man es auch mal ohne die ausdrückliche Zustimmung des Autors machen – wenn man den Eindruck hat, die Geschichte bleibt stehen, läuft nicht weiter, ist so nicht zu machen. Aber bei den Becker-Büchern, das muß ich wirklich mal ganz klar sagen, hat diese Notwendigkeit bisher nicht bestanden. Ihr Eindruck von dem veränderten Text, das ist bei Becker-Büchern sehr gering, da gibt es höchstens mal winzige Nuancen, die umgestellt werden. Ich schreib mir immer abends den Text auf, um ihn noch mal zu sehen und um ihn immer in der Tasche zu haben, parat zu haben. Und bei diesem Prozeß, wenn ich mir das vor Augen führe, gehe und sehe ich den Text noch mal durch und nehme dabei in aller Ruhe Änderungen vor. Die ich abends dem Becker noch am Telefon vorschlage, oder am nächsten Morgen dann dem Regisseur. Und wenn wir uns geeinigt haben auf einen Kompromiß, schlage ich die Änderung dann der textkontrollierenden Regieassistentin vor.

Da kam vorhin so ein Satz wie: »Komm, laß uns hier rausgehn«, und Sie machten daraus: »Komm, laß uns hier verschwinden«, was auch passender war.

Krug: Ja, sowas wird nicht übel genommen. Im Gegenteil.

Hat Jurek Becker Ihnen den Liebling auf den Leib geschrieben?

Krug: Nein. Diesen Satz kann ich sowieso nicht leiden. Es gibt viele schreibende Kollegen, die sagen, diese Figur sei mir auf den Leib geschrieben worden. Das ist einfach kausal falsch, nicht? Das Buch wird geschrieben, und wenn ein Autor wie Becker dabei an mich denkt, dann mag das noch angehn, aber oft genug denkt ein Autor beim Schreiben gar nicht an mich dabei, weil die Beselzung gar nicht feststeht. Der denkt sich vielleicht einen Hilfsschauspieler aus, der ihm beim Durcharbeiten der Figur hilft – er stellt sich vor, wie der läuft, wie der guckt, wie der spricht. Und nachher steht dieser Schauspieler gar nicht zur Verfügung, oder ist krank oder kriegt woanders 'ne bessere Gage oder sowas …

Wer hatte denn die Idee für die Serie »Liebling Kreuzberg«?

Krug: Die Idee hatte der Produzent Otto Meissner. Dem gehört hier die Nova-Film. Der hatte also die Idee, einen Winkeladvokaten, einen kleinen Rechtsanwalt, keinen Bossi, in Kreuzberg, wo er mit allem möglichen Volk zusammenkommt, mit Türken, mit Ausgeflippten aller Art, und der sich um die so'n bißchen kümmert, zu entwickeln. Diese Idee hat er dem Becker vorgeschlagen, also Idee ist auch schon zuviel gesagt, also diesen Typus, den hat er Becker vorgetragen. Und der hat sich damit dann befaßt, hat ein halbes Jurastudium nachgeholt, hat sich einen Anwalt besorgt, mit dem er inzwischen befreundet ist und der ihm fachlich geholfen hat **... der auch Becker heißt ...**

Krug: ... richtig. Aber der will nicht genannt werden, der bleibt im Hintergrund.

Sie haben bei der Charakterisierung der Hauptfigur die Schwächen betont und gesagt, daß Ihnen das auch sympathisch ist. Aber das soziale Engagement, was der Liebling auch hat ...

Krug: ... selten genug ... Gucken Sie sich doch noch mal die Serie an, ob Sie ihn, diesen Anwalt, nicht idealisieren! Also übertrieben sozial ist der nicht. Er ist fair, ein irgendwie anständiger Kerl, also er würde keinen Türken reinlegen und ihm zuviel Geld abnehmen, wenn er sieht, der hat es nicht. Und er würde den auch kaum rausschmeißen. Was er täte, ist, daß er soviel Respekt einzuflößen versuchen würde, daß der Türke Geld zusammenkratzt, um sich den Prozeß leisten zu können. Ja? Er würde auch von einem teuren Prozeß, der nicht viel bringt, abraten. Also ich meine, in dieser Figur hält sich das soziale Engagement mit der Pflege des eigenen Bankkontos durchaus die Waage. Und das finde ich ganz gesund. Jetzt hört er z. B. nach acht Folgen einfach auf zu arbeiten, wer kann das schon? Er hört einfach auf zu arbeiten! Sein Beruf macht ihm keinen Spaß mehr!

Bleibt er denn mit der Frau zusammen?

Krug: Das darf ich, glaube ich, nicht sagen. Sonst gucken die Leute nicht, wäre ja schade!

Ich wollte noch etwas über den Grimme-Preis wissen, den Sie gerade verliehen bekommen haben. Wie wichtig war der für Sie?

Krug: Ich habe nichts bemerkt! Ich bin hingefahren, hab ihn bekommen, hab mich gefreut, weil ich sowas durchaus als eine Benotung empfinde – also, so wie ein anderer Mensch ein Zeugnis kriegt, in dem drinsteht, daß er seine Arbeit gut gemacht hat – zumal diese Jury ja unabhängig arbeitet, sie bekommt von niemandem was zugesteckt. Und wenn die sagt, das hat uns in diesem Jahr, in dieser Sparte so gefallen, daß wir es auszeichnen wollen, dann ist das ein erfreulicher Akt. Insofern kann ich die Frage klipp und klar damit beantworten: Ich habe mich sehr darüber gefreut. Wie gesagt, vor allem deshalb, weil am Grimme-Preis nicht manipuliert wird, weil da keine Konzern-Interessen dahinter stehen und nicht gemauschelt wird mit der Popularität von Menschen.

Gibt es bestimmte Menschentypen, die Sie am liebsten verkörpern?

Krug: Ich bin ja der klassische Ein-Typ-Verkörperer. Ich will aber nicht nur einen Typ verkörpern, in dem nur gute Eigenschaften stecken. Aber es ist durchaus ein Typ, in dem schlechte und gute Eigenschaften stecken, den ich gerne spiele. Ich persönlich bin natürlich viel besser als die Typen, die ich spiele. Viel besser. Erstens habe ich menschlichere Regungen als die Typen, die ich spiele, zweitens bin ich in der Regel viel schlauer – wie das kommt, weiß ich auch nicht. Aber ich empfinde das nun mal so, das ist übrigens ein sehr subjektiver Eindruck. Aber ich kann ja auf eine so intime Frage auch nur intim antworten. Ich bin auch viel anständiger ...

. . . auch ein besserer Vater als Liebing?

Krug: Das kann man so nicht sagen. Er ist ja seiner Vaterschaft durch eine schreckliche Frau beraubt worden, nicht? Muß man ja sehen. Die Frau hat das Kind behalten, er als Anwalt ist bei dem Prozeß, den wir ja nie gesehen haben, besonders maßgenommen worden. Sie wissen ja, wenn eine öffentliche Person von einem Polizisten bei 80 km/h in der Stadt erwischt wird, geht's ihr viel dreckiger, als wenn irgendein beliebiger Bäckermeister erwischt wird. Und so ist es Liebling ergangen, er hat den Prozeß verloren, die Frau bekommt das Sorgerecht, er darf zu Besuch kommen. Dafür ist er ein guter Vater, er gibt sich viel Mühe, was man jetzt in den letzten Folgen auch wieder sehen wird.

Ist er nicht ein bißchen autoritär?

Krug: Na gut, das ist sein Jahrgang. Er ist eben als Kind autoritär erzogen worden. Als der ein Kind war, da hat sein Vater gesagt, zäh wie Leder, hart wie Kruppstahl, schnell wie Windhunde, so sind deutsche Jungs. Das bleibt natürlich nicht nur in den Kleidern hängen. Da nützt keine spätere Erkenntnis was, sondern da ist ein autoritäres Fundament in einem Menschen angelegt.

Man hängt Ihnen gern das Klischee an, Sie seien der Kumpeltyp, stimmt das?

Krug: Also, ein Kumpel bin ich ganz bestimmt überhaupt nicht. Ein Verbrüderungsmensch, der, bloß, weil ihm einer die schwere Pranke auf die Schulter legt und ein Bier vor ihm hinstellt, gleich in Kumpelseligkeit verfällt, das bin ich nicht. Das ist ja die Enttäuschung bei manchen Menschen, die mich dann kennenlernen. Das geht ja auch gar nicht. Stellen Sie sich vor, Sie müßten 24 Stunden am Tag Kumpel sein – das geht nicht. Das hält kein Mensch aus.

Haben Sie schauspielerische Vorbilder?

Krug: Also Vorbilder habe ich in dem Sinne keine, weil es ja in meinem Beruf leicht zu Nachahmungen kommen kann. Man könnte leicht sich irgendeinen Stil raufdrücken oder irgendeine Tour oder Masche. Aber ich kenne natürlich viele Schauspieler, die ich gerne sehe und immer schon gerne gesehen habe. Deren Art, im Film zu arbeiten, ist mir vorbildhaft. Also wenn ich ein Komiker wäre, dann würde ich am liebsten so komisch sein wie Hans Moser. Und wenn ich ein Tragöde wäre, würde ich am liebsten so tragisch sein wie Tscherkassow, falls Sie den kennen. Nun bin ich aber das alles nicht, sondern ich bin ein Gelegenheits- und Unterhaltungsschauspieler, ein brauchbarer Allwetterschauspieler, und muß nun alles selbst finden, was zu mir paßt. Dabei kann ich keinen anderen nachahmen. Aber die Schauspieler, die ich schätze und verehre, das können sehr extreme Typen sein. Eben Hans Moser auf der einen Seite, den man ja auch einen Übertreiber nennen könnte, und dann etwa Gary Cooper auf der anderen Seite, den man einen Schauspieler des Understatements nennen kann. Der macht – scheinbar – gar nichts. Also dazwischen liegen noch eine ganze Menge von Schauspielern und Schauspielerinnen, die ich schätze, aber Vorbilder im genauen Sinn, die habe ich nicht.

Noch einmal zurück zum sozialen Engagement. Stimmt es, daß sie monatlich für »Greenpeace« spenden?

Krug: Ich spende monatlich für überhaupt nichts. Monatlich muß ich schon für die Haftpflichtversicherung spenden, für die Miete spenden, für die Jeans von meinen Kindern spenden und für vieles, vieles andere. Dem Stoltenberg und anderen muß ich monatlich was spenden. Ich spende, wenn's mir gutgeht und ich auch einen aktuellen Grund sehe etwas – auch an »Greenpeace«.

Sind Sie ein politischer Mensch?

Krug: Also ich bin nicht insofern ein politischer Mensch, als man mich auf jeder zweiten Demo sieht oder Statements abgeben sieht im Fernsehen. Aber insofern bin ich sicher ein politischer Mensch, als ich, nicht anders als Sie, vermute ich, die Dinge und ihren Lauf beobachte, soweit es mir möglich ist, mir eine Haltung dazu aneigne, mit meinen Familienmitgliedern und Freunden auch darüber rede und auch ein bißchen mehr tue, als alle vier Jahre ein Kreuz zu machen. Aber das heißt nicht, daß ich gerne rumrenne und irgendjemandes Lied singe.

Sie sind ja ein vielbeschäftigter Schauspieler, war das immer so?

Krug: Ich bin seit mehr als drei Jahrzehnten ein vielbeschäftigter Schauspieler. Es sieht so aus, daß ich ungefähr zwischen 250 und 300 Tagen im Jahr drehe. Es gibt ja ein paar Sachen, die mache ich schon seit Jahren. »Auf Achse«, »Tatort«, »Liebling Kreuzberg«, andere sind abgestorben, aber ich habe mehrere Jahre an diesen Serien gearbeitet, z. B. an »Detektivbüro Roth« oder ähnliches. Dann mache ich ja auch Einzelwerke, spiele Theater ...

... machen Sie noch Sesamstraße?

Krug: Sesamstraße habe ich nur einmal drei Wochen lang gemacht. Diese Spots laufen eben sehr lange. Theater spiele ich sporadisch, zwei kleine Tourneen mit »Der zerbrochene Krug« habe ich gemacht, das ist alles.

Herr Krug, ich wollte noch einmal auf Ihre Übersiedlung aus der DDR zu sprechen kommen. War Ihre Arbeit in der DDR vielfältiger und anspruchsvoller als die Arbeit hier?

Krug: Nein. Überhaupt nicht. Meine Arbeit in der DDR — wobei ich gleich sagen muß, daß ich nicht weiß, wieweit sich die Effektivität der Film- und Fernseharbeit drüben verbessert hat, ich war seit 12 Jahren nicht dort, jedenfalls nicht zum Arbeiten — damals war es so, daß erheblich langsamer gearbeitet wurde. Ich habe in den 20 Jahren DDR nicht soviel Sendestunden oder fertige Filmstunden zustande gebracht wie in der Hälfte der Zeit hier. Das ist Punkt eins. Punkt zwei ist, die DDR hat über große Strecken mich als Filmschauspieler, weniger als Fernsehdarsteller beschäftigt. Ich war dort festes Mitglied, angestelltes Ensemblemitglied der DEFA, wodurch schon mal klar ist, daß ich mehr Filme dort gedreht habe. Diese Filme sind auch mit größerem Aufwand gedreht worden, da hin und wieder auch mal ein historisches Werk dabei war, Mantel-und-Degen-Filme z. B., ich war außerdem jünger, um das zu spielen – man kann also sagen, in dieser Hinsicht gab es damals eine größere Vielfalt. Außerdem sind Kostümstücke sehr teuer und aufwendig. Hier in der BRD ist zwar der allgemeine Reichtum größer, aber es wird nur ein erheblich kleinerer Teil davon für Kostüme im Film ausgegeben, nicht? Irgendwie scheint da die staatliche Filmförderung nicht so luxuriös ausgestattet zu sein wie etwa bei Opernhäusern oder so. Auch insofern mache ich hier also mehr zivile Gegenwartsstücke. Aber ansonsten hat sich die Mixtur dessen, was ich mache, kaum geändert. Ich würde heute auch nicht mehr auf ein Pferd klettern und damit übern Acker jacheln, für solche Kapriolen ist mir inzwischen meine Gesundheit zu schade.

Sie arbeiten hier überwiegend als Seriendarsteller, drüben haben Sie eher Langfilme fürs Kino gemacht. Das ist doch ein großer Unterschied?

Krug: In den einzigen drei Serien, die es damals in der DDR gab, war ick aber überall drin. Damals gab's noch nicht soviel Serienwerke, das war auch in der BRD unüblich. Damals wurden viel mehr Einzelwerke gemacht. Die ersten Serien kamen aus Amerika, »77 Sunset Strip«, »Der Mann mit dem Koffer« und so'n Zeug. Damit lief der Laden hier erst so langsam an. Also es ist klar, wenn es damals noch keine Serien gab, konnte ich darin auch nicht vorkommen.

Reizt es Sie, hier in großen Filmen zu spielen?

Krug: Nennen Sie doch mal die großen, deutschen Filme dieses Jahres? Worin hätte ich denn spielen sollen?

In »Der Bruch« z. B.!

Krug: Kenne ich nicht, habe ich noch nicht gesehen. Außerdem kann ich mir nicht vorstellen, daß ein – und das muß ich aus der Sicht der DDR-Kulturverantwortlichen sagen – »Verräter an der Arbeiterklasse« in einem DEFA-Studio einen Westfilm dreht. Kann ich mir nur ganz schwer vorstellen. Was da in der DDR an »Glasnost« und »Perestroika« passieren muß, bis das schmerzfrei geht, das kann ich mir nicht vorstellen.

Aber Sie haben schon Interesse, das mal herauszufinden?

Krug: Nee, nicht.

Also daß Sie keine großen Filme machen, das hat damit zu tun, daß es keine guten Angebote gibt?

Krug: Nein, das hat einen ganz anderen Grund. Einen ganz praktischen. Erstens, als ich hierher kam, war mir wichtig, daß ich irgendwann, damit muß man in meinem öffentlichen Beruf ja auch rechnen, wieder an Popularität gewinnen würde. Also wieder einen Rückhalt beim Publikum. Und daß dies über den westdeutschen Kinofilm der Jahre 1977 bis 1980 erheblich schwieriger gehen würde als über das Fernsehen, war mir klar. Ich habe also schon 1978 mit »Auf Achse« angefangen. Und das war ein Entschluß, der von vornherein dafür gesorgt hat, daß ich ins Fernsehen kommen, dort Fuß fassen würde. Und das war praktikabel, wie sich jetzt zeigt. Das andere ist, wenn Sie im Fernsehen Serien machen, dann können Sie zwei Jahre im voraus planen. Ich könnte jetzt meinen Terminkalender aus der Tasche ziehen, da könnten Sie sehen, daß ich auf zweieinhalb Jahre Woche für Woche weiß, was ich tue. Wenn ich einen Kinofilm drehen will, dann stoße ich immer auf Produktionsverhältnisse, die sehen so aus: das Filmteam hat endlich das Geld zusammen, vier Monate haben die gebettelt bei der öffentlichen Filmförderung, haben andere Geldgeber gesucht, kriegen jetzt die Kohle, und jetzt besetzen sie erst. Dies muß innerhalb von drei Monaten über die Bühne gehen. Im vierten und fünften Monat wird dann der Film gedreht. Das kann ich nie, ich habe Verträge, die das verhindern. Wenn ich einen großen Spielfilm drehen würde, könnte ich das nur tageweise, mit maximal acht, neun Drehtagen – und selbst die müßten am Wochenende liegen. Ansonsten müßte ich vertragsbrüchig werden gegen meine von mir sehr geschätzten Fernsehpartner. Das ist ein Circulus vitiosus, aus dem aus Termingründen ganz schwer herauszukommen ist. Aus diesem Grund muß einer, der mit mir einen großen Spielfilm machen will, zwei Jahre im voraus wissen, daß er ihn mit mir machen will, sonst kann er das vergessen. So sieht das aus.

Aber Sie würden schon gern?

Krug: Na klar! Mir ist es doch egal, ob das Filmmaterial, das in der Kamera liegt, 16 Millimeter breit ist oder doppelt so breit. Das ist völlig wurscht, ich spiele in beiden Fällen, so gut ich kann.

Sie haben früher in der DDR auch als Sänger gearbeitet. Das fällt für Sie jetzt ganz flach?

Krug: ???

Ich habe Sie vorhin singen gehört. Sie haben eine Sprechzeile gesungen, die lautet: »Habe ich dir heute schon gesagt, daß ich dich liebe?«.

Krug: Richtig. Das ist ein Satz im Script und das ist auch eine Schlagerzeile, die ich in meiner Jugend mal gesungen habe. Das stimmt. Außerdem sehe ich das nicht so, daß ich erstummt oder unmusikalisch geworden bin. Aber Sie müssen verstehn, ich habe in der DDR einerseits Schlager gesungen, andererseits Jazz, habe Konzerte gegeben, weil es dort sinnvoll war. Weil es dort andere als mich nicht oder kaum gab. Die Originale, wie Ray Charles und wie sie alle hießen, die kamen nicht. So bin ich dort als ein übrigens sehr guter Ersatzsänger wertvoll gewesen. Aber hier bin ich es nicht in dem Maße. Und ich sehe deshalb keinen Sinn darin, wochenlang an einer Schallplatte zu arbeiten, mit den Mitteln, die heute nötig sind, 24 Spuren, digital undsoweiter – nur um das Risiko einzugehen, daß sich die Leute für diese Art der Musik gar nicht interessieren und wir dann nicht mal das Geld einspielen können, das wir ausgegeben haben. Und das ist auch wieder so eine Zeitfrage! Wenn einer 250 – 300 Tage dreht im Jahr, wann soll der die Platte machen? Da ich mich immer auch ums Arrangement mitgekümmert habe, um den Text und alles mögliche andere, wäre das ein wahnsinniger Aufwand.

Glauben Sie, daß Sie schauspielerisch besser sind?

Krug: Das weiß ich nicht. Aber ich glaube eines, daß ich nämlich als Schauspieler eine größere Marktlücke finde denn als Sänger.

Eine letzte Frage: trinken Sie lieber Bier oder machen Sie lieber Werbung für Bier?

Krug: Ich mache Werbung mit Vergnügen!

... für alles?

Krug: ... na, für alles nicht! Aber für sehr vieles.

... es gibt ja z. B. Menschen mit Alkoholproblemen ...

Krug: ... also wenn ich in der Lage sein sollte, einem Alkoholiker, der sich entschlossen hat aufzuhören, wieder einzureden, ein Bier zu trinken, das wäre tatsächlich erschütternd. Wenn das einer mir nachweisen würde, na ja ... Nee, ich würde aber auch für Klopapier Werbung machen, für Handgranaten nicht. Weil ich erstens finde, es ist doch eine schmeichelhafte Sache, daß eine so gigantische Kraft wie die Industrie oder die Wirtschaft auf mich, einen Gaukler, zurückgreift und sagt, du könntest dem Moloch Markt einen

Anreiz geben. Es ist doch sehr schön, wenn man bedenkt, daß ja die Bäume der Fernsehschauspieler nicht in den Himmel wachsen, daß die Schauspieler im Bild sind, und die ganze übrige Fernsehverwaltung ist nie zu sehen, daß also die Gagen eher zurückgehen, damit die Verwaltung gerettet werden kann; daß jeder Fernsehredakteur, wenn er einem tausend Mark mehr gibt für einen Auftritt, am Telefon sagt, er stünde schon mit einem Bein im Gefängnis: wenn man also bedenkt, daß Geld sehr schwer zu verdienen ist, viel harte Arbeit für ein bescheidenes Honorar, dann ist es doch schön, daß die Marktgesellschaft es mir ermöglicht, für eine Werbeaufnahme mal auf einen Schlag ein paar Mark mehr zu kriegen. Das find' ich wunderbar. Das setzt mich an anderer Stelle nämlich in die Lage zu sagen, dieses Scheißdrehbuch, das schmieren Sie sich mal in die Haare! Das drehen Sie mal mit einem, der keine Werbung hat, der die Mark noch braucht! Und ich lebe ja nicht zufällig im Kapitalismus! Ich hab 'ne Entscheidung getroffen vor zwölf Jahren! Da kann ich nur sagen: Hut ab vor den Leuten, die sagen, der Zoni, der darf jetzt bei uns werben! Das gefällt mir!

Die Filme

Krug als DARSTELLER, wenn nicht anders angegeben.

1956/57. DDR. Mazurka
der Liebe.
R: Hans Müller.

1957. DDR. Gefährliche
Wahrheit.
R: Karl-Heinz Bieber.
TV-Spiel.

1957. DDR. Vergeßt mir
meine Traudel nicht.
R: Kurt Maetzig.

1957. DDR. Der Freischütz.
R: Werner Kelch.
TV-Spiel.

1957. DDR. Ein Mädchen
von 16 1/2.
R: Carl Balhaus.

1957/58. DDR. Brigade
Karhan.
R: Karl-Heinz Bieber.
TV-Spiel.

1958/59. DDR. Ware für
Katalonien.
R: Richard Groschopp.

1958/59. DDR. Reportage
57.
R: Janos Veiczi.

1959. DDR. Tote Seelen.
R: Otto Dierichs.
TV-Spiel.

1959. DDR. Ich selbst und
kein Engel.
R: Richard Swinarski.
TV-Spiel.

1959. DDR. Wenn die Nacht
kein Ende nimmt.
R: Wilhelm Gröhl.
TV-Spiel.

1959. DDR. Bevor der Blitz
einschlägt.
R: Richard Groschopp.

1959/60. DDR. Was wäre,
wenn ...
R: Gerhard Klingenberg.

1959/60. DDR. Fünf Patro-
nenhülsen.
R: Frank Beyer.

1960. DDR. Fräulein mit
Courage.
R: Gerhard Klingenberg.
TV-Spiel.

1960. DDR. Die Talente.
R: Hans-Dieter Schmidt.
TV-Spiel.

1960. DDR. Jonny Belinda.
R: Jürgen Degenhardt.
TV-Spiel.

1960. DDR. Leute mit Flügeln.
R: Konrad Wolf.

1960/61. DDR. Hoffnung auf Kredit.
R: Ralf Kirsten.
TV-Spiel.

1960/61. DDR. Bei Anruf Mord.
R: Gerhard Klingenberg.
TV-Spiel.

1960/61. DDR. Professor Mamlock.
R: Konrad Wolf.

1960/61. DDR. Drei Kapitel Glück.
R: Walter Beck.

1960/61. DDR. Guten Tag, lieber Tag.
R: Gerhard Klingenberg.

1961. DDR. Urfaust.
R: Joachim Hübner, Hans-Peter Minetti.
TV-Spiel.

1961. DDR. Auf der Sonnenseite.
R: Ralf Kirsten.

1961/62. DDR. Revue um Mitternacht.
R: Gottfried Kolditz.

1961/62. DDR. Königskinder.
R: Frank Beyer.

1962. DDR. Minna von Barnhelm oder Das Soldatenglück
R: Martin Hellberg.

1962. DDR. Der Kinnhaken.
R: Heinz Thiel.
Darsteller; Buch mit Horst Bastian.

1962. DDR. Beschreibung eines Sommers.
R: Ralf Kirsten.

1962. DDR. Stelldichein bei Huckebein.
Episode: Labyrinth der Liebe.
R: Hubert Hoelzke.
Filmmagazin; »Stacheltier«-Produktion.

1962. DDR. Nebel.
R: Joachim Hasler.

1963. CS. Boxer a smrt.
(Der Boxer und der Tod; DDR-TV)
R: Peter Solan.

1963. DDR. Engel, Sünden
und Verkehr.
Teil 2: Der Wettlauf des
Hasen mit dem Igel.
R: Horst Seemann.
Filmmagazin; »Stachel-
tier«-Produktion.
1963/64. DDR. Mir nach,
Canaillen!
R: Ralf Kirsten.
Darsteller; Drehbuch mit
Ralf Kirsten.
1964/65. DDR/Bulgarien.
Die antike Münze/
Starinata moneta.
R: Vladimir Jantschev.
1964/65. DDR, König Dros-
selbart.
R: Walter Beck.
1965. DDR. Wenn du groß
bist, lieber Adam.
R: Egon Günther.
Nicht aufgeführt.
1965/66. DDR. Die Spur der
Steine.
R: Frank Beyer.
1966/67. DDR. Frau Venus
und der Teufel.
R: Ralf Kirsten.
Darsteller; Buch mit Ralf
Kirsten, Brigitte Kirsten.

1967. DDR. Die Fahne von
Kriwoj Rog.
R: Kurz Maetzig.
1967/68. DDR. Abschied.
R: Egon Günther.
1967/68. DDR. Hauptmann
Florian von der Mühle.
R: Werner W. Wallroth.
1968. DDR. Gesicht einer
Jugend.
R: Manfred Gussmann.
Musik mit Klaus Lenz.
Kurz-Dokumentarfilm.
1968. DDR. Wege übers
Land.
R: Martin Eckermann.
TV-Film, 5 Teile.
1968. DDR. Käuzchenkuhle.
R: Walter Beck.
Darsteller; Musik mit
Klaus Lenz.
1968. DDR. Mit mir nicht,
Madam.
R: Roland Oehme, Lothar
Warneke.
1969. DDR. Weite Straßen –
stille Liebe.
R: Herrmann Zschoche.
1969. DDR. Netzwerk.
R: Ralf Kirsten.

1969/70. DDR. Junge Frau
   von 1914.
   R: Egon Günther.
   TV-Film, 2 Teile.
1969/70. DDR. Meine Stun-
   de Null.
   R: Joachim Hasler.
1970. DDR. Husaren in
   Berlin.
   R: Erwin Stranka.
1971. DDR. Die Verschwo-
   renen.
   R: Martin Eckermann.
   TV-Film; 4 Teile.
   1972 Neufassung in 5
   Teilen.
1971. DDR/CS. Die gestoh-
   lene Schlacht/
   Ukradena bitva.
   R: Erwin Stranka.
1972/73. DDR. Stülpner-Legende.
   1. Das Schießen.
   2. Das Bataillon.
   3. Die Pfändung.
   4. Die Treibjagd.
   5. Der Kopfpreis.
   6. Die Hochzeit.
   7. Die Falle.
   R: Walter Beck.
   TV-Film; 7 Teile.

1973. DDR. Manfred Krug.
   R: Uwe Belz.
   Darsteller; Buch mit Uwe
   Belz
   Kurz-Dokumentarfilm
1973. DDR. Wie füttert man
   einen Esel.
   R: Roland Oehme.
   Darsteller; Titelmusik mit
   Günther Fischer.
1975/76. DDR. Daniel
   Druskat.
   R: Lothar Bellag.
   TV-Film; 5 Teile.
1976. DDR. Feuer unter
   Deck.
   R: Herrmann Zschoche.
   UA: 1979 TV; kein Kino-
   einsatz.
1976/77. DDR. Das Ver-
   steck.
   R: Frank Beyer.
1976/77. DDR. Abschied
   vom Frieden.
   R: Hans-Joachim
   Kasprzik.
   TV-Film; 3 Teile; ES:
   1979.

1977–79. BRD. Auf Achse.
R: Hartmut Griesmayr,
Michael Lähn,
Bruno Jantoss.
TV-Serie; 1. Staffel; 13
Folgen.
1978. BRD. Die Faust in der
Tasche.
R: Max Willutzki.
1978. BRD. Paul kommt zu-
rück.
R: Peter F. Bringmann.
TV-Film.
1979. BRD. Phantasten.
R: Peter Beauvais.
TV-Film; 2 Teile.
1979. BRD. Life: Manfred
Krug.
R: Rolf von Sydow.
TV-Show.
1980. BRD. Ein Mann fürs
Leben.
R: Erwin Keusch.
TV-Film.
1980/81. BRD. Flächen-
brand.
R: Alexander von
Eschwege.
TV-Film.
1981. BRD. Das Traum-
schiff. 1. Folge.
R: Fritz Umgelter.
TV-Serie; 1. Staffel.

1981/82. BRD. Die Fischer
von Moorhövd.
R: Peter Harlos.
TV-Serie; 14 Folgen.
1981/82. BRD. Väter. Episo-
de 2: Lektionen.
R: Alfred Vohrer.
TV-Episodenfilm.
1982/83. BRD. Rendezvous
der Damen.
Episode 1: Eine erstklassi-
ge Dame.
R: Alfred Vohrer.
TV-Episodenfilm.
1982/83. BRD. Das Traum-
schiff.
Episode: Herz ist Trumpf.
R: Alfred Vohrer.
TV-Serie.
1983. BRD. Die Krimistunde
V.
R: Hartmut Griesmayr.
TV-Episodenfilm.
1983. BRD. Wer raucht die
Letzte.
R: Hartmut Griesmayr.
TV-Film.
1983. BRD. Konsul Möllers
Erben.
R: Claus Peter Witt.
TV-Film; 7 Teile.

1983. BRD. Auf Achse.
  R: Hartmut Griesmayr,
  Werner Masten,
  Michael Lähn, Bruno Jan-
  toss, Gustavo
  Graef-Marino, Peter
  Fratzscher.
  TV-Serie; 2. Staffel; 13
  Folgen.
1983. BRD. Jakob und
  Adele.
  Neue Geschichten von
  zwei Leuten. . .
  R: Hans Jürgen Tögel.
  TV-Serie.
1983. BRD. Geschichten aus
  der Heimat.
  1. Folge. Episode: Das Sil-
  vesterbaby.
  R: Eugen York.
  TV-Episoden-Serie.
1983/84. BRD. Detektivbü-
  ro Roth.
  R: Thomas Engel.
  TV-Serie.
1983/84. BRD. Krumme
  Touren.
  Episoden: Der Indianer.
  Der Simulant. Zugvogel.
  Krumme Touren. Nouvel-
  le Cuisine.
  R: Alfred Vohrer.
  TV-Episodenfilm (Special).

1983/84. BRD. Joseph Süss
  Oppenheimer.
  R: Rainer Wolffhardt.
  TV-Film.
1984. BRD. Haie vor Helgo-
  land.
  R: Hartmut Griesmayr.
  TV-Film; Reihe »Tatort«.
1984. BRD. Gelegenheit
  macht Diebe.
  R: Pete Ariel.
  TV-Film; Reihe »Tatort«.
1984. BRD. Ein Heim für
  Tiere.
  R: Siegfried Rothemund,
  Hans-Jürgen Tögel,
  Kai Borsche.
  TV-Serie; 10 Folgen.
1985. BRD. Irren ist tödlich.
  R: Wolfgang Storch.
  TV-Film; Reihe »Tatort«.
1985. BRD. Das Sonntags-
  gespräch.
  TV-Interview mit Krug.
1985/86. BRD. Leiche im
  Keller.
  R: Pete Ariel.
  TV-Film; Reihe »Tatort«.
1985/86. BRD. Tod im Ele-
  fantenhaus.
  R: Bernd Schadewald.
  TV-Film; Reihe »Tatort«.

1985/86. BRD. Liebling –
Kreuzberg.
1. Der neue Mann.
2. Ein dringender Fall.
3. Der Beschützer.
4. Doppeleinsatz.
5. Kleine Fische.
6. Der Retter.
R: Heinz Schirk.
TV-Serie; 6 Folgen.
1986. BRD. Tod auf Eis.
R: Dietrich Haugk.
TV-Film; Reihe »Tatort«.
1986/87. BRD. Auf Achse.
R: Hartmut Griesmayr,
Werner Masten, Michael Lähn, Bruno Jantoss, Gustavo Graef-Marino, Peter Fratzscher.
TV-Serie; 3. Staffel; 15
Folgen.
1987. BRD. Voll auf Haß.
R: Bernd Schadewald.
TV-Film; Reihe »Tatort«.
1987. BRD. Spuk aus der
Eiszeit.
R:Stanislav Barabas.
TV-Film; Reihe »Tatort«.

1987. BRD. Liebling Kreuz-
berg.
R: Heinz Schirk.
TV-Serie; 2. Staffel, 13
Folgen
1988. BRD. Pleitegeier
R: Pete Ariel
TV-Film; Reihe »Tatort«.
1988. BRD. Auf Achse.
R: Werner Masten u. a.
TV-Serie, 4. Staffel.
7 Folgen.
1989. BRD. Zeitzünder.
R: Pete Ariel.
TV-Film; Reihe »Tatort«.
1989. BRD. Armer Nanosh.
R. Stanislav Barabas.
B: Martin Walser.
TV-Film; Reihe »Tatort«.
1989. BRD. Auf Achse.
R: Werner Masten u. a.
TV-Serie; 5. Staffel.
14 Folgen.
1989. Liebling Kreuzberg.
R: Werner Masten.
TV-Serie; 4. Staffel;
8 Folgen.

Schallplatten

Titel	Musik/Text	Orchester	Aufnahme vom
Summertime	Gershwin/ du Bose Heyword	Jazz-Optimisten	Februar 1962
Auf der Sonnenseite	Asriel/Krug	Jazz-Optimisten	Februar 1962
... über die Liebe (mit Christel Bodenstein)	Natschinski/ Degenhardt	Natschinski	April 1962
Twist in der Nacht	Kerber/Kerber	RTO Leipzig	Februar 1963
Vor einem Jahr	Kerber/Kerber	RTO Leipzig	Februar 1963
Wenn du schläfst, mein Kind	Heiking/Kerber	Gollasch	Dezember 1963

JAZZ UND LYRIK

There's A Boat That's Leavin' Soon For New York	Gershwin/Dubois/ Heyword/Gershwin	Jazz-Optimisten	Aus dem Mitschnitt einer öffentlichen Veranstaltung aus der Berliner Kongreßhalle
Hallelujah, I just Love Her So	Charles/Charles	Jazz-Optimisten	
When The Saints Go Marchin' In	Traditional/ Traditional	Jazz-Optimisten	13. 11. 1964 Titel: Jazz und Lyrik
Rosetta	Hines/Wood	Jazz-Optimisten	Dezember 1964

MANFRED KRUG UND DIE MODERN JAZZ BIG BAND

On The Sunny Side Of The Street	Mac Hugh/ Mac Hugh	Modern Jazz Big Band 65	Mitschnitt einer öffentlichen Veranstaltung im Berliner Theater der Freundschaft am 22. 1. 1965
Georgia	Carmichael/Gorrell	Modern Jazz Big Band 65	
Halleluja, I Just Love Her So	Charles/Charles	Modern Jazz Big Band 65	
Blues in F	Krug/Lenz	Modern Jazz Big Band 65	
Es steht ein Haus in New Orleans	Traditionel/Köhler/ Kerber	Franke-Echo	März 1965
Ich weiß ein Mädchen	Heiking/Kerber	Kneifel	März 1965

LYRIK – JAZZ – PROSA

Die Kuh im Propeller	Sostschenko/ dt. Wikinsky		Mitschnitt einer öffentlichen Ver-
My Funny Valentine	Rodgers/Hart	Jazz-Optimisten	anstaltung aus der Berliner
We Shall Overcome	Harton/Hamilton/ Carawan/Seeger	Jazz-Optimisten	Kongreßhalle am 31. 10. 1965
A Foggy Day	George & Ira Gershwin	Jazz-Optimisten	
Neuer Abschiedsblues	Schätzke	Jazz-Optimisten	
Jeder Tag mit dir	Kotowski/Kerber	Lenz	November 1966
Wenn du traurig bist	Kotowski/Pleger	Lenz	November 1966
Fredmanns Episteln an diese und jene, aber hauptsächlich an Ulla Windblad	Bellmann	Instrumental- Gruppe Leitung: Wefelmeyer	Dezember 1967

DAS WAR NUR EIN MOMENT

Frag mich, warum	Fischer/Kerber	Fischer	November 1970
Du gehst	Fischer/Kerber	Fischer	November 1970
Der Tag beginnt	Fischer/Kerber	Fischer	November 1970
Unser Abend war wunderbar	Fischer/Kerber	Fischer	November 1970
Du sagtest leider „Gute Nacht"	Fischer/Kerber	Fischer	November 1970
Hör auf!	Fischer/Kerber	Fischer	November 1970
Als ich rief nach dir	Fischer/Kerber	Fischer	November 1970
Gestern war der Ball	Fischer/Kerber	Fischer	November 1970
Nacht	Fischer/Kerber	Fischer	November 1970
Das war nur ein Moment	Fischer/Kerber	Fischer	November 1970

DA BIST DU JA
Aufnahme: Herbst '78
Erscheinungstermin: Januar '79

Preise und Auszeichnungen

1962 Heinrich Greif Preis 1. Klasse für »Auf der Sonnenseite« im Kollektiv.

1963 Erich Weinert Medaille für »Beschreibung eines Sommers«.

1965 Erich Weinert Medaille für »Die Abenteuer des Werner Holt« im Kollektiv.

1968 Nationalpreis 1. Klasse für »Wege übers Land« im Kollektiv.

1971 Nationalpreis 2. Klasse.

1972 Preis der Werktätigen der CSSR für »Die gestohlene Schlacht«.

1973 Verdienstmedaille der DDR.

1979 Goldene Europa der Europawelle Saar.

1984 Goldener Bambi.

1988 Adolf-Grimme-Preis

1989 Starlight-Preis

Hemingway,
wie er wirklich war:

die Biographie des großen Schriftstellers und
Nobelpreisträgers

Als Band mit der Bestellnummer 61 123 erschien:

Vierzehn Jahre lang hat A. E. Hotchner als Freund und
Reisegefährte Hemingway aus nächster Nähe erlebt. »Es
gibt nur einen Weg, sich Rechenschaft abzulegen«, hat der
berühmte Autor einmal zu ihm gesagt. »Man muß die ganze
Wahrheit über die Dinge sagen und vor nichts zurück-
schrecken.« Das hat Hotchner in seinem Buch getan.

Das tragische Leben der großen Schauspielerin

Als Band mit der Bestellnummer 61 122 erschien:

Am 29. Mai 1982 starb in Paris Romy Schneider. Damit fand eine Karriere, die in den 50er Jahren mit den Sissi-Filmen wie ein Märchen begonnen hatte, ein tragisches Ende.

Die aktuelle Biographie

Als Band mit der Bestellnummer 61 107 erschien:

Das Porträt einer großartigen Schauspielerin –
und einer faszinierenden Frau.

Mit zahlreichen Abbildungen.